복음대로 삶 시리즈
Worthy

복음대로 삶
그리스도인이 추구할 최우선 가치

Worthy: Living in Light of the Gospel, Growing Gospel Integrity series
by Sinclair B. Ferguson

Copyright © 2023 by Sinclair B. Ferguson
Published by Crossway, a publishing ministry of Good News Publishers
Wheaton, Illinois 60187, U.S.A.

This Korean edition copyright © 2023 by Word of Life Press, Seoul, Republic of Korea.
Published by arrangement with Crossway through rMaeng2, Seoul, Republic of Korea.
All rights reserved.

이 한국어판의 저작권은 알맹2를 통하여 Crossway와 독점 계약한 생명의말씀사에 있습니다.
신저작권법에 의하여 한국 내에서 보호받는 저작물이므로 무단 전재와 무단 복제를 금합니다.

복음대로 삶

ⓒ 생명의말씀사 2023

2023년 12월 20일 1판 1쇄 발행

펴낸이 | 김창영
펴낸곳 | 생명의말씀사

등록 | 1962. 1. 10. No.300-1962-1
주소 | 서울시 종로구 경희궁1길 6(03176)
전화 | 02)738-6555(본사)·02)3159-7979(영업)
팩스 | 02)739-3824(본사)·080-022-8585(영업)

기획편집 | 유영란, 박경순
디자인 | 박소정
인쇄 | 영진문원
제본 | 보경문화사

ISBN 978-89-04-16859-0 (04230)
      978-89-04-70099-8 (세트)

저작권자의 허락 없이 이 책의 일부 또는 전체를
무단 복제, 전재, 발췌하면 저작권법에 의해 처벌을 받습니다.

복음대로 삶

그리스도인이 추구할 최우선 가치

율법주의를 넘어선,
은혜 안에서 가능해지는
온전한 순종

싱클레어 B. 퍼거슨 지음 | 구지원 옮김

생명의말씀사

추천사

율법주의와 율법폐기주의는 샴쌍둥이처럼 동일한 심장을 공유한다. 이 둘은 그 자체가 왜곡되어 있기에 외부의 의에 의한 칭의와 다른 존재를 닮아 감에 의한 성화에 움찔한다. 싱클레어 퍼거슨의 오랜 말씀 사역은 언제나 저 두 질병을 강타했다. 목양적인 온기와 빼어난 설명과 스코틀랜드식 진지한 농담이 잘 어우러진 『복음대로 삶』은 신자들의 마음을 살찌우고 낯선 이들이 의자를 앞당겨 앉게 할 식탁을 풍성하게 차려 준다.

마이클 호튼(Michael Horton)
캘리포니아 웨스트민스터 신학교
조직신학 및 변증학의 J. 그레셤 메이첸 교수

하나님은 상황을 뒤집는 것을 좋아하신다. 사람들은 복음에 합당한 사람은 위대한 인물일 거라고 생각한다. 싱클레어 퍼거슨은 복음에 합당한 사람은 자기 죄로 인해 마음이 낮아진 사람, 그리스도의 십자가로 인해 변화된 사람, 주님 알기를 갈망하는 사람임을 보여 준다. 여기에 못 미치는 것은 복음에 합당하지 않다. 강력히 추천한다!

조엘 R. 비키(Joel R. Beeke)
퓨리턴 리폼드 신학교 총장

싱클레어 퍼거슨은 수년간 내가 그리스도와의 연합을 경험적으로 이해할 수 있도록 도와주었다. 퍼거슨의 설교와 저서는 그 여정에서 친구가 되어 주었고 영적 성숙과 하나님과 동행하는 삶으로 이끌어 주었다. 『복음대로 삶』은 얇은 책이어서 내가 이제껏 읽고 들은 가르침의 요약판 같다. 그래서 오히려 참신한 통찰과 목양적 지혜가 각 장에 응축되어 있다. 책 읽기를 마칠 무렵, 나는 우리 교회 성도들이, 심지어 나의 십대 아이들마저 이 책을 읽어 얼마나 흥분되는지 모른다고 다른 사람들에게 계속 이야기하고 다녔다.

존 스타크(John Starke)
뉴욕 아포슬스 교회 담임 목사
『기도의 가능성』(The Possibility of Prayer) 저자

오직 너희는

그리스도의 복음에

합당하게 생활하라

빌립보서 1장 27절

Worthy

contents

시리즈 서문 _11
서문 _15

chapter 1 까맣게 잊힌 권고 _19

chapter 2 몇 가지 기초 문법 _37

chapter 3 우리를 변화시키는 하나님의 도구 _57

chapter 4 복음에 합당한 마음가짐 _79

chapter 5 복음에 합당한 삶 _93

주 _115

시리즈 서문

복음대로 사는 삶은 오늘날의 교회에 가장 중요한 필수 요건이다. 이 온전함은 진리의 복음에 우리의 머리와 가슴과 삶을 완전히 일치시키는 것으로, 도덕이나 정통 교리보다 더 필요하다.

사도 바울은 빌립보서 독자들에게 복음의 백성답게 살라고 호소하면서 복음대로 사는 삶이 무엇인지 그 네 가지 특징을 제시한다.

첫째, "너희는 그리스도의 복음에 합당하게 생활하라"(빌 1:27a). 즉 복음의 백성은 복음에 **합당한** 삶을 살아야 한다.

둘째, "한마음으로 서서 한 뜻으로 복음의 신앙을 위하여 협력"(빌 1:27b)하라. 달리 말하자면, 복음대로 사는 삶은 함께 **연합하는** 신실한 태도를 요구한다.

이 두 가지 태도에는 "고난"과 "싸움"(빌 1:29-30)이 뒤따른다. 그래서 바울은 셋째로 "두려워하지 아니하"(빌 1:28a)도록 당부하면서 이런 **용기**가 분명한 "구원의 증거"(빌 1:28b)라고 설명한다.

마지막으로 넷째, 바울은 이렇게 말한다.

"그러므로 그리스도 안에 무슨 권면이나 사랑의 무슨 위로나 성령의 무슨 교제나 긍휼이나 자비가 있거든 마음을 같이하여 같은 사랑을 가지고 뜻을 합하며 한마음을 품어 아무 일에든지 다툼이나 허영으로 하지 말고 오직 겸손한 마음으로 각각 자기보다 남을 낫게 여기고"(빌 2:1-3).

이처럼 바울은 **겸손** 없이는 그리스도인의 진정한 온전함이 불가능하다고 분명히 밝힌다.

'복음대로 삶' 시리즈의 목적은 바울의 복음주의적 요청, 곧 복음에 **합당하게, 연합하여, 용기 있고, 겸손하게** 살아가라는 요청을 다시 되새기는 것이다. 하지만 우리는 이 네 가지 특징이 추상적인 도덕적 자질이나 덕목을 뜻하지 않는다는 사실을 기억해야 한다. 바울이 뜻하는 바는 **복음대로 사는 삶**의 매우 구체적인 특징과 모습들이다. 이처럼 이 시리즈의 책들은 어떻게 복음이 우리 안에 있는 이러한 자질을 북돋우고 형성하는지를 당신에게 보여 줄 것이다.

이 작은 시리즈를 통하여 하나님이 영광 받으시고, "주 예수 그리스도의 은혜가 여러분의 심령과 함께 있기를"(빌 4:23, 새번역 성경) 기도한다.

'복음대로 삶' 시리즈 기획자
마이클 리브스(Michael Reeves)

서문

이 작은 책의 제목에도 포함된 **합당하다**라는 단어는(이 책의 원제 'Worthy'는 "복음에 합당하게"[빌 1:27]에 해당하는 "be worthy of the gospel"[ESV]에서 나왔다–편집자 주) 한 가지 이유를 밝혀 달라고 부르짖고 있다. 성경 시대부터 대대로 그리스도인들은, 하나님은 합당하신 반면 우리는 그렇지 못하다고 늘 단언해 오지 않았는가. 그런데도 동료 그리스도인들에게 **합당한** 삶을 살라고 강권한 이는 다름 아닌 자신의 합당하지 못함과 하나님의 놀라운 은혜와 자비를 누구보다 깊이 인식했던 사람, 사도 바울이었다.

그래서 이 책은 '복음에 합당하라'는 주제를 다룬다. 바울이 자신이 아낀 빌립보 교회의 그리스도인 벗들에게 했던 권고에 관한 것이다.

이 책을 쓰면서 "바울은 지금 수신자들에게 '복음에 합당한 삶을 살라'고 강권하기 때문에 복음에 합당한 삶의 의미와 방법을 설명하는 걸까?"라고 자문하는 나를 자주 발견하곤 했다. 우리가 바울의 말을 깊이 묵상한다면, 그가 자신의 권고가 무엇을 의미하고, 몸소 그 권고를 어떻게 성취했으며, 우리도 그 같은 경험을 어떻게 할 수 있는지를 (때로는 절제된 방식으로) 보다 자세하게 설명하고 있음을 발견하게 될 것이다.

그래서 『복음대로 삶』이 빌립보서의 주해서는 아니지만, 우리는 바울이 빌립보서에서 무엇을 말하는지를 계속해서 되새겨 보려 한다. 바울이 편지를 쓰던 당시에, 그의 마음에는 그리스도인들에게 복음에 합당하게 살라고 강권하는 일이 특별한 사명감으로 다가왔던 것 같다. 그는 비슷한 시기에 쓰인 에베소서와 골로새서에서도 이를 언급했다. 데살로니가전서에서도 이미 이를 강조했다.

이렇듯 그에게 복음에 합당하게 살라는 권고는 분명 부차적이거나 지엽적인 문제가 아니었다. 어쩌면 바울은 합당하라는 권고가 제자들을 바라보는 구주의 마음에도 과제로 받아들여졌음을 알았을 것이다. 왜냐하면 그분도 "아버지나 어머니를 나보다 더 사랑하는 자는 내게 합당하지 아니하고 … 또 자기 십자가를 지고 나를 따르지 않는 자도 내게 합당하지 아니하니라"(마 10:37-38)고 말씀하셨기 때문이다.

합당함은 예수님의 제자의 확실한 표지로 드러난다. 정말이지, **"오직** 너희는 그리스도의 복음에 합당하게 생활하라"는 바울의 말은 첫눈에는 부차적인 일을 제안하는 것처럼 보일 수도 있다. 하지만 이 말은 바울의 마음에 우연히 떠오른 문제가 아니었다. 앞으로 살펴보겠지만, 바울은 이것을 최우선순위에 둔다.

내가 오늘날 그리스도인들은 그만큼 우선순위에 두지 않는 것 같다고 말하면 당신이 내 생각에 동의해 줄지 궁금하다. 당신은 바울의 가르침에 관한 설교나 강의를 들어 본 적이 없을 수도 있고, 복음에 합당한 삶에 관한 책(이 책처럼 얇은 책조차도!)을 단 한 권도 읽어 본 적이 없을 수도 있다.

하지만 그럴수록 우리가 바울의 말에 경청하는 것이 무엇보다 중요하다.

―

『복음대로 삶』은 빌립보서 1장 27절-2장 3절의 바울의 가르침을 토대로 마이클 리브스가 기획한 시리즈 중 한 권이다. 『복음대로 삶』은 시리즈 주제들을 소개하고 전체 내용을 요약 정리한다. 나는 이 시리즈에 기여해 달라는 초청에 감사하고, 이 책이 나머지 책들도 읽는 데도 격려가 되기를 소망한다. 무엇보다도 이 책이 너무나 자주 잊어버리는 바울의 권고를 상기시켜 주기를 소망한다.

chapter 1

까맣게 잊힌 권고

"오직 너희는 그리스도의 복음에 합당하게 생활하라"(빌 1:27).

"오직"의 영어 번역어 'only'는 이 문장이 "기다려 줘, 나 겨우 (only) 1, 2분 후면 도착이야"처럼 가벼운 진술이라고 깜빡 속게 만든다.

하지만 사실 정반대다. 여기에 가벼운 것은 전혀 없다. 바울은 "오직"이라고 말할 때 헬라어 '모논'(monon)을 사용한다. 당신에게 헬라어 지식이 없더라도 충분히 그 의미를 추측할 수 있을 것이다. 여기에 쓰인 "오직"은 '유일한', '필요한 한 가지'를 의미한다. "**오직** 너희는 그리스도의 복음에 합당하게 생활하라"는 타협할 수 없다는 뜻이다.

그런데 우리는 오늘날 이런 표현을 거의 사용하지 않는다. 그리스도인 친구의 삶을 '복음에 합당하다'고 묘사하는 걸 마지막으로 들은 때가 언제인가? 대답이 "자주는 아니다"일 가능성이 높고, "한 번도 없다"일 가능성은 더 높다. "그리스도의 복음에 합당하게 생활하라"는 21세기 교회에서는 우선순위가 높지 않다. 하지만 바울은 그 우선순위를 높게 매겼다. 이것이 바로 그가 빌립보 교회뿐 아니라 에베소 교회, 골로새 교회, 데살로니가 교회에도 이를 강조한 이유다.[1]

왜 까맣게 잊혔을까?

그런데 왜 바울의 이 권고(그리고 그리스도인의 삶에 관한 그의 사고방식)는 그가 그토록 중요하게 생각했음에도 구닥다리가 되었을까?

의심할 바 없는 한 가지 이유는, 누군가가 하나님 앞에서 합당한 자격을 갖출 수 있다는 생각에 우리가 (바람직하게도) 알레르기 반응을 일으키기 때문이다. 우리는 모두 "저는 주님을 내 집에 모셔 들일 만한 **자격이 없습니다**"(눅 7:6, 새번역 성경)라고 말한 로마의 백부장, "내가 하늘과 아버지 앞에 죄를 지었습니다. 이제부터 나는 아버지의 아들이라고 불릴 **자격이 없습니다**"(눅 15:21, 새번역 성경)라고 고백한 탕자와 같다. 로마서 1장 18절부터 3장 20절까지 바울의 핵심은 우리를 구석으로 몰아서 우리가 자격 없음을 인정할 수밖에 없도록 논증하려는 것 아닌가? 하늘의 거룩하신 하나님 앞에서 모든 이가 입도 뻥끗하지 못하는 것은 우리가 다 죄인이고, 다 자격이 없기 때문이다(롬 3:19-20). 우리는 죽어 가는 마르틴 루터와 더불어 이렇게 말할 수밖에 없다. "우리는 거지입니다. 이것이 참입니다." 우리의 찬송가(혹은 이를 띄운 스크린)는 결코 "나는 합당하네, 나는 합당하네"라고 노래하라고 가르치지 않는다. 그저 "주님, 당신은 합당하십니다, 당신은 합당하십니다"라고 가르칠 뿐이다.

이렇듯 복음은 우리의 합당치 못함을 가르친다. 우리는 자격이 아닌 은혜로 구원받는다.

그런데도 바울은 우리에게 합당하게 생활할 책임이 있음을 강조한다. 그렇다면 왜 우리는 바울의 말을 액면 그대로 받아들이기를 꺼리는가?

율법주의라는 잠재된 두려움

대답의 일부는 우리가 가진 두려움, 곧 복음에 합당하라는 권고는 그 정의상 율법주의이거나 적어도 율법주의로 귀착된다는 두려움 때문이다. 하지만 만약 그렇다면 은혜의 사도인 바울이 왜 이에 대해 말했을까?

최근 은혜는 설교와 수업에서 머리기사 역할을 할 때가 많다.

너무 많은 그리스도인이 온갖 종류의 율법주의에 취약하다고 느끼게 된 젊은 복음주의 목사들 사이에서 특히 그렇다. '하라'와 '하지 말라'의 분위기가 너무 강하다.

분명 너무나 많은 그리스도인이 하나님의 용납을 조건적이라고 느끼며 고통을 겪어 왔다. 마치 우리를 향한 하나님의 사랑이 결국 우리의 행위에 달려 있다는 듯이 말이다. 그러면 하나님은 만족스러운 성과에 기뻐하는 학교 선생님이나 법규를 잘 지키는지 확인하는 경찰처럼 되시고 만다. 하지만 복음은 하나님의 은혜에 관한 것이다. 복음은 "모든 은혜의 하나님"(벧전 5:10)으로부터 오기 때문이다.

이것을 강조하는 데는 매우 중요한 이유가 있다. 에덴동산 이후로 우리는 모두 본성상 율법주의자이기 때문이다. 우리는 다 어느 정도 하나님의 호의를 얻으려면 무언가를 해야 한다고 가정한다. 이 가정은 모든 인간의 마음에 저절로 작동하는 디폴트값이다. 그래서 세계 대부분의 종교가 이를 공통된 특징으로 공유한다.

그래서 복음은 우리에게 하나님의 은혜 안에 잠기라고 말한다.

하지만 바울은 율법주의에 반발하여 그리스도 안에 있는 하나님의 은혜를 **강조하는 것**이 그리스도 안에 있는 하나님의 은혜를 **이해하는 것**과 반드시 일치하지 않는다는 것을 잘 알았다.

한 가지 예화가 핵심을 말해 줄 듯하다. 어떤 설교자가 하나님의 은혜를 강조하는 신약성경 구절을 주해하는 것을 들은 기억이 난다. 하지만 동시에 그 구절에는 (많은 구절이 그렇듯) 거룩함에 대한 권고가 뚜렷이 드러나 있기도 했다. 주해가 진행되는 동안, 설교자가 적어도 그 설교를 듣고 있는 사람들 중 일부(아마도 대부분!)가 여전히 하나님의 은혜를 조건적이라 여기고 있다고 생각하는 것이 분명해졌다.

그가 옳았을 수도 있다. 하지만 그 설교자는 하나님의 은혜가 어떻게 하나님의 계명에 순종할 힘을 주는지를 보여 주고, 하나님의 은혜와 우리의 반응 사이에 어떤 연관성이 있는지를 보도록 돕는 대신, 그저 거룩함에 대한 권고를 무시했다. 그가 한 일이라곤 율법주의를 조심하라고 경고한 것뿐이었다. "하나님의 입으로부터 나오는 모든 말씀으로"(마 4:4) 살기 원하는 그리스도인들이 어떻게 주님처럼 하나님의 은혜**로 인해** 그분의 명령에 순종할 수 있는지에 대해서는 일언반구도 없었다. 그래서 그의 설교는 근본적인 복음의 원리를 가르칠 기회를 놓치고 말았다. 그리스도 안에 있는 하나님의 은혜를 더 풍성하고 온전하게 주해할수록, 결과적으로 그 은혜로부터 흘러나오는 전부를 요구하는 계명을 주해하는 일이 더 안전해진다는 원리 말이다.

신약성경이 꾸준히 가르치고 있는 바가 곧 이것이다. 바울이 서신서에서 "그러므로"와 "그러면" 같은 접속사로 자꾸 강조하는 것도 이 때문이다. 모든 것을 베푸시는 것이 하나님 은혜의 본질이지만, 모든 것을 베푸는 은혜는 또한 모든 것으로 보답받기를 원한다. 그보다 더 적은 것으로는 만족할 수 없다. 사랑에 빠진 젊은 남녀라면 누구나 이것을 안다.

그러므로 신약성경의 계명에 대해 음소거 버튼을 누르는 일은 하나님의 은혜를 강조하는 일이기보다는 사실상 하나님의 은혜를 전복하는 일이다.

은혜는 순종과 어떻게 관계 맺는가?

은혜와 순종의 참된 관계는 바울이 디도서에서 복음을 요약한 데서 기가 막히게 잘 표현되었다.

"모든 사람에게 구원을 주시는
하나님의 은혜가 나타나
우리를 양육하시되 경건하지 않은 것과
이 세상 정욕을 다 버리고
신중함과 의로움과 경건함으로 이 세상에 살고
복스러운 소망과
우리의 크신 하나님 구주 예수 그리스도의 영광이 나타나심을
기다리게 하셨으니
그가 우리를 대신하여 자신을 주심은

모든 불법에서 우리를 속량하시고
우리를 깨끗하게 하사 선한 일을 열심히 하는
자기 백성이 되게 하려 하심이라"(딛 2:11-14).

여기에 바울은 디도에게 한 걸음 더 나아간 권고를 한다.

"너는 이것을 말하고 권면하며 모든 권위로 책망하여
누구에게서든지 업신여김을 받지 말라"(딛 2:15).

이것은 은혜의 경이로움에 대한 묘사뿐 아니라 은혜의 함의를 설명하는 방식에서도 강력한 표현이다. 디도가 어떻게 해야 할지는 말할 것도 없다! 집의 기초가 탄탄할수록 건물 자체도 더 크고 튼튼해진다. 하나님의 은혜에 대한 주해가 더 풍성하고 온전할수록, 그 권고는 더 깊이 마음에 새겨진다.

게하더스 보스(Geerhardus Vos)는 뛰어난 통찰력으로 율법주의의 본질은 하나님의 인격과 하나님의 율법을 분리하는 것이라고 논평한 적이 있다. 율법주의는 "율법에 대한 독특한 복종으로서, 복종하는 규율에서 더 이상 인격적인 하나님의 손길을 느끼지 못하는 것"[2]이다. 그러므로 하나님의 은혜와 명령을 나누는 것은 율법주의가 된다. 하나님의 명령을 그분의 은혜에서 분리하는 것은 해결책이 아니다. 그것은 문제를 덮어 둘 뿐이지 결코 해결하지 못한다. 율법주의는 은혜와 율법을 비인격적인 실재로 바꾸어 우리가 하나님을 놓치게 한다. 그래서는 안 된다. 은혜의 하나님은 계명의 하나님이시다. 그 둘은 서로에게 속했고, 그리스도 안에서 함께 품어져야 한다. 달리 말하면, 그리스도를 구주로 아는 것과 주님으로 아는 것은 결코 분리될 수 없다. 칭의와 성화도 마찬가지다. 그 둘은 그리스도 안에서 서로에게 속했다. 장 칼뱅이 자주 언급했듯이, 그 둘을 떼어 놓는 것은 "그리스도를 산산조각 내는 것"[3]이다.

'합당하다'의 의미

"오직 너희는 그리스도의 복음에 합당하게(axios) 생활하라"는 바울의 권고에 함축된 의미는 무엇일까?

헬라어 '악시오스'(axios)는 신약성경의 영역본에서 대개 "합당하다"(worthy)로 옮겨진다. 하지만 그 독특함이 어떤 구절에서는 '…와 일치하여'(in keeping with)로 표현된다(마 3:8; 행 26:20). 다른 많은 단어와 마찬가지로 '악시오스'의 어원은 배후에 한 그림이 있다. 그 단어는 "본래 '저울의 한쪽 편을 높이다', '평형을 이루다'를 의미하고, 결과적으로 '동등하다'를 의미한다."[4]

기본 개념은, 그리스도의 복음에 합당한 삶이란 복음이 메시지의 형태로 가르치는 바를 삶의 형태로 표현하는 것이다. 이런 삶은 주 예수 그리스도의 성품을 반영하는 모습을 띤다.

어릴 적, 내가 아침마다 등교 전에 해야 할 일은 우리 가족이 그날 먹을 식사에 필요한 식재료를 준비하는 일이었다. 그중에는 동네 푸줏간에 가는 일도 있었다. 어머니는 나더러 고기의 특정 부위와 특정 중량을 요청하라는 임무를 맡기셨다. 요즘과는 모습이 사뭇 달랐던 우리의 푸줏간은 두 개의 접시가 달린 구식 저울을 사용했다. 한쪽에는 내가 요청한 중량의 저울추를 놓았다. 다른 한쪽에는 중량을 달 고기를 올려놓았는데, 고기를 추가하거나 잘라 내어 중심 바늘이 두 접시 사이에서 완벽한 균형을 이루게 했다. 단순하지만 기발한 방법이었다!

이것이 바로 '악시오스'라는 단어가 품은 그림이다. 한편에는 복음이 있다. 다른 편에는 당신의 삶이 있다. 바울의 권고는 이렇다. 당신의 삶이 복음과 '똑같은 무게가 되도록' 살라! 복음과 '일치하도록' 살고, 복음과 '어울리도록' 살라는 것이다. 이것이 바로 '균형을 이룬 그리스도인의 삶'의 모습이다. 복음은 예수 그리스도의 좋은 소식이고, 우리 삶은 그 좋은 소식의 구현이어야 한다. 달리 말해, 복음은 "구원을 주시는 하나님의 능력"(롬 1:16)이고, 우리는 그 능력으로 구원받은 대로 살아야 한다!

바울에게 이것은 사소한 문제도, 선택적인 문제도 아니었다. 오히려 '유일한' 일, 본질적인 일이었다.

시민권

'합당하다'가 바울이 여기서 사용하는 유일한 그림은 아니다. "복음에 합당하게 **생활하라**"고 쓸 때, 바울은 헬라어 '폴리테우오마이'(politeuomai)를 사용한다. 이 낱말은 도시('폴리스'[polis], '정치'[politics]의 어원)에 해당하는 단어에서 나왔다. 문자적으로 '시민으로 살다'를 뜻한다.

바울은 에베소서("너희가 부르심을 받은 일에 합당하게 행하여"[엡 4:1])와 골로새서("주께 합당하게 행하여"[골 1:10])에서처럼 '걷다'(개역개정 성경은 '행하다'로 옮김-역자 주)라는 동사를 사용할 수도 있었다. 그런데도 여기서 그가 시민권과 관련된 표현을 사용한 이유를 쉽게 추측해 볼 수 있다. 빌립보는 로마의 식민지였다. 그래서 시민의 삶은 로마의 법과 로마의 생활양식에 따라 구성되었다. 빌립보의 시민은 로마의 시민이었다. 그 지역 치안관들이 적법 절차 없이 옷을 찢고 매질을 한 뒤 감옥에 넣어 버린 남자가 사실 로마 시민이었다는 사실을 깨닫고는 그토록 두려워했던 이유가 바로 이 때문이었다. 그들이 바울에게 와서 잘못을 인정하고 머리를 조아린 것은 조금도 놀랄 일이 아니었다(행 16:22-23, 37-40).

빌립보서 1장 27절에서 바울은 단순히 "빌립보의 시민으로서 복음을 비추면서 살라"고 말했는지도 모른다. 하지만 분명 그 이상이 있다. 바울을 가장 먼저 환대했던 루디아는 아직 거기 있었을까? 바울이 그리스도께로 인도했던 그 간수와 가족은 확실히 거기 있었다. 그리고 바울이 학대하는 주인과 악한 영으로부터 건져 낸 어린 여종도 듣고 있었다. 바울은 그들에게 상기시키고 있었다. "우리의 시민권은 하늘에 있는지라"(빌 3:20).

빌립보는 이탈리아가 아니라 마케도니아에 있었다. 하지만 빌립보인은 마케도니아에서 로마의 시민으로 살았다. 로마의 법을 따랐고 로마의 생활양식을 따랐다. 그렇다면 바울의 메시지는, 그의 벗들이 비록 빌립보에 살고 있지만 진짜 시민권은 하늘에 있다는 메시지였다. 그들의 교회는 이 땅에 있는 천국의 거류지였다. 이것이 사실이었기에, 그들은 세속 도시의 생활양식에 따라서가 아니라 천국 도시인 새 예루살렘의 생활양식에 따라서 살아야 했다.

요약하자면, 그리스도인의 삶은 '이 땅에서의 천국' 버전이 되는 것이다. 이보다 더 큰 특권이 없지만, 이보다 더 높은 기준도 없다! 그러하기에 요구하는 것도 이보다 더 까다로울 수 없고, 아우르지 않는 영역이 없다. 그럼에도 바울의 권고는 율법주의와는 전혀 거리가 멀다. **왜냐하면 바울은 복음이 어떻게 작동하는지를 알았기 때문이다.**

그리스도 안에서 하나님의 은혜는 우리에게 새로운 정체성을 제공한다. 하늘의 정체성이다. 그리고 (우리의 타고난 정체성이 아니라) 하늘의 정체성이 모든 것을 결정한다. 우리의 정체성, 우리의 시민권은 하늘에 있다. 바울이 다른 데서도 말하듯이, 우리의 생명은

"그리스도와 함께 하나님 안에 감추어졌"고(골 3:3). 그리스도께서 나타나시면 우리는 그분과 같이 변화될 것이며, 그때 우리의 진짜 정체성이 분명해질 것이다(빌 3:20-21; 골 3:4; 요일 3:1-2). 그렇다면 이 세상에서 다른 세상의 시민권자로서 사는 것보다 무엇이 더 논리적이고 설득력 있겠는가? 구약의 다니엘처럼 우리는 비록 우리가 진짜로 속한 곳이 아닌 (아래에 있는) 바벨론에서 살고 있을지라도 우리가 속해 있는 (위에 있는) 예루살렘의 생활양식을 살아 내도록 부르심을 받았다.

그러므로 우리는 "이방 땅에서 … 여호와의 노래를" 불러야 한다(시 137:4). 이것은 율법주의의 문제가 아니다. 왜냐하면 "그의 계명들은 무거운 것이 아니"기 때문이다(요일 5:3). 예수님은 온유하고 겸손한 그분의 멍에를 메면 우리 영혼이 질병이 아닌 편안함을, 매정함이 아닌 쉼을 얻으리라고 말씀하신다(마 11:28-30).

나는 미국의 세 도시에서 살았다. 정기 비자 인터뷰에 가면 영사가 나에게 그 도시 중에 어디가 가장 좋았느냐고 물을 가능성이 있다(그렇다, 실제로 이 질문을 받았다!). 추측건대 그녀는 '저 사람이 내 앞에서 이 질문에 답할 수 있다면, 그는 서류가 말해 주고 지문이 보장해 주고 여권 사진이 보여 주는 그 사람일 가능성이 높지'라고 생각하는 것이다. 나는 요령 있게 대답한다. 내가 특별히 높게 평가하는 세 도시의 특징들을 각각 언급하는 것이다. 불가피하게 비슷한 것이 있기는 해도, 그 도시들에는 각각의 독특함이 있다.

어떤 도시에서 살기가 어떠했느냐고 물으면, 우리는 그곳의 독특함을 언급하게 된다. 다양한 억양과 지방색이 느껴지는 발음, 색다른 분위기와 생활양식, 심지어는 특유의 운전방식(!) 같은 것을 말이다. 우리는 우리가 살아가는 지역의 생활양식과 언어 습관을 받아들이는 경향이 있다.

호기심을 돋우는 차이점

미국에 사는 스코틀랜드인답게, 나는 고층 빌딩에서 엘리베이터(영국 영어로는 '승강기'[lift])에 타는 것을 좋아했다. 층층이 멈추는 것과 때로는 다른 이용객들과 인사를 나누는 것을 즐겼다. 나의 억양이 나를 배신할 때가 있기에, 어떤 사람은 내리는 나에게 **"출신지가 어디죠?"**라고 묻곤 했다. 엘리베이터에서 내리고 문이 닫히기 시작하면, 나는 늘 웃음을 지으며 엘리베이터에 남아 있는 서너 명에게 이렇게 말하기를 좋아했다. "사우스캐롤라이나주의 컬럼비아요." 문이 닫히는 찰나에 그들의 혼란스러운 표정은 이렇게 말하고 있었다. "그런 억양이면 여기 주변 출신일 리가 없는데요! **진짜 출신지**가 어디죠?" 나는 미국에서 살고 있었지만 그럼에도 전혀 다른 곳에 '소속되어' 있었던 것이 틀림없다.

이것이 바로 바울이 빌립보서 1장 27절에서 말하는 바다. 그의 그리스도인 벗들은 빌립보라는 로마 식민지에서 살고 있었지만 그들의 진짜 시민권은 하나님 나라에 있었다. 그들은 그것을 살아 냈다('산상수훈'의 생활양식을 생각해 보라). 그리고 그들이 그렇게 살았다면, 빌립보 사람들은 자연스럽게 이렇게 물었을 것이다. "당신네 진짜 출신지가 어디요? 당신들한테는 뭔가 특별한 게 있소. 콕 집어 말할 수는 없지만, 뭔가 다르오. 당신네는 여기 주변 출신은 아닌 것 같소."

나는 가끔 문이 닫힌 후 엘리베이터에서 무슨 일이 일어났을지가 궁금했다. 서로 무슨 말들을 했을까? 내 출신지를 맞혀 보려 했을까? 엘리베이터에서 그들을 다시 만난다면, 그들이 나를 기억하고 "당신 **진짜** 출신지가 어디죠? 당신 억양이 멋져요. 영국인(English)인가요?"라고 물어올까?(오 이런! 하지만 난 줄곧 '영국[England]의 스코틀랜드 출신인' 사람으로 소개되곤 했다!["English", "England"는 '잉글랜드인', '잉글랜드'이기도 하다. 잉글랜드와 스코틀랜드는 역사적으로 오랫동안 갈등을 겪어 왔다—편집자 주])

이것은 초기 교회에서 일어났던 일에 대한 비유다. 그리고 오늘날의 교회와는 대조된다. 오늘날 그리스도인들은 일종의 전도 전략으로 비그리스도인들에게 던질 수 있는 질문을 고안해 보라는 격려를 받을 때가 많다. 그렇게 하면 복음에 관한 대화가 자극될 수 있다는 것이다. 이 방법이 신약성경의 가르침과 얼마나 뚜렷이 대조되는지를 깨닫는 이는 거의 없다. 시몬 베드로는 정반대의 경우가 일어나리라고 예상했다(벧전 3:15). 그는 그리스도인의 삶의 질이 비그리스도인들로 하여금 질문을 던지게 하리라고 예상했다. "무엇이 당신을 움직이게 하나요?" "당신에겐 무엇이 있는 거죠? 왜 이런 말을 하고 이런 행동을 하나요?" "하나님을 믿는 이유를 말해 주세요." "예수 그리스도가 누구죠?" "난 용서받을 수 있을까요?" "그리스도인이 된다는 게 무슨 뜻인가요?" 오늘날의 전도용 대화 시작법과 베드로가 예상했던 질문들 사이에 왜 이런 차이가 있는 걸까?

너무나 명확해서 우리가 좀처럼 깨닫지 못하는 것이 있다. 신약성경은 예수 그리스도를 어떻게 전해야 하는지 사실상 아무런 조언도 하지 않는다. 그럼에도 (책도, DVD도, TV 프로그램도, 인터넷도, 단체도, 전문가의 세미나도 없었으나 너무나도 명백했던) 초기 교회 전도의 영향력을 누가 의심하겠는가? 무엇으로 그 차이점을 설명할까? 왜 서구에서는 그리스도를 전하는 기술을 고안해 내야 할까? 어쩌면 그에 대한 간단한 답은 우리가 그리스도의 복음에 합당한 방식으로 살아오지 않았기 때문이다. 우리는 그리스도께서 계신 천국의 생활 양식, 분위기, 억양을 너무 적게 가졌다.

C. S. 루이스(C. S. Lewis)는 기하학에서 증명을 어떻게 하는지를 배우기보다 그냥 암기하는 일부 학생들의 게으름에 대해 통찰력 있게 논평한다.[5] 그들은 쉬운 길을 택했지만 결국 그 길이 더 어려운 길로 판명된다는 것, 게다가 훨씬 더 많은 일을 하게 된다는 것, 그리고 결국에는 그 길이 아무짝에도 쓸모없게 된다는 것을 알지 못한다. 선생들은 종종 이것을 목격한다. 나는 어느 박사과

정 학생의 구술고사를 생생하게 기억한다. 그 학생은 예비종합고사에서 이미 열여섯 시간짜리 지필고사를 잘 마친 상태였다. 그런데도 그는 우리의 질문에 대답할 능력이 없어 보였다. 재시험이 끝나갈 무렵, 혼란에 빠진 동료 교수가(약간 과장하자면 나머지 교수들도 마찬가지였다) 그에게 말했다. "자네는 지필고사는 잘 치른 것 같네만, 구술고사는 형편없었네. 이 시험을 어떻게 준비했는가?" 그 학생은 어떻게 대답했을까? "사전의 해설을 암기했습니다." 그는 일백 개가량을 암기했다! 확신컨대 다른 교수들도 나처럼 생각했을 거다. "그냥 내용을 **이해하려** 했다면 더 쉬웠을 텐데!"

그리스도의 복음에 합당한 삶을 사는 것은 테크닉의 문제가 아니다. 그것은 그리스도인의 성품을 계발하는 것과 관련된다. 우리가 그리스도 안에서 어떤 사람이 되고 무엇에 적합하게 될지에 관한 것이다. 그리고 느리고 까다롭고 고된 과정이다. 더 쉽고 빠른 선택은 당신의 삶을 잘 정돈하고 일을 성공적으로 해내는 법을 배우는 것인 듯하다. 하지만 합당한 삶을 산다는 것은 이 땅에서 사는 동안 천국의 삶을 사는 문제다. 웨스트민스터 소요리문답에서 자주 인용되는 유명한 문구처럼, "하나님을 영화롭게 하고 그분을 영원토록 즐거워하는 것"[6]의 의미를 아는 자가 되는 것이다.

지난 세기 미국의 가장 중요한 복음주의 신학자인 B. B. 워필드(B. B. Warfield)[7]는 훌륭한 이야기로 이 내용을 설명한다.

잠시 어느 미 육군 장교의 개인적인 경험을 나누려 한다. 그는 격렬한 소동과 난폭한 폭동이 일어났던 시기에 서부의 대도시에 있었다. 위험한 군중이 매일 거리를 장악했다. 어느 날, 그는 침착하고 굳건한 기상을 갖춘 한 남자가 자신에게 다가오는 것을 보았다. 그의 그런 몸가짐은 신뢰를 불러일으켰다. 주변의 소란 속에서 그가 견지한 태도에 큰 감명을 받은 그는 그 남자가 지나갈 때 몸을 돌려 바라보았는데, 그 이방인도 똑같이 행동하는 것이 아닌가. 이방인은 그가 몸을 돌리는 것을 보고는 즉시 그에게 되돌아왔다. 그러더니 검지로 그의 가슴을 툭 치면서 다짜고짜 물었다. "인간의 제일 되는 목적은 무엇입니까?" 그는 암호를 받았다. "인간의 제일 되는 목적은 하나님을 영화롭게 하고 영원토록 그분을 즐거워하는 것입니다." "아!" 이방인이 말했다. "난 당신을 보고 당신이 소요리문답 소년인 줄 알아챘소!" 그가 돌린 답변은 이랬다. "이런, 나도 당신에 대해 똑같이 생각했소."

소요리문답 소년이 되는 건 가치 있는 일이다. 그들이 자라서 어른이 된다. 그리고 그보다 더 좋은 건, 그들이 하나님의 사람으로 자랄 가능성이 훨씬 높다는 것이다.[8]

물론 궁극적인 목적은 단지 소요리문답을 배우는 것이 아니다 (가치 있는 일이기는 하다). 궁극적인 목적은 예수 그리스도의 복음이 어떻게 우리의 성품을 변화시켜서 그리스도를 닮아 가게 하는지를 배우는 것이다. 그리스도를 닮아 가는 일은 감추어질 수 없고, 다른 이들에게 감동을 준다. 그러므로 그리스도의 복음에 합당하게 되는 것은, 간단히 말하자면 주 예수님을 더욱 닮아 가는 것이다.

chapter 2

몇 가지 기초 문법

　최근 수십 년간 자기계발서가 놀랍도록 성공을 거두었다. 과거 방법론을 알려 주는 서적류는 어떤 일을 자기 손으로 해결하려는 이들을 위한 매뉴얼에 국한되었다. 소수의 베스트셀러가 자기계발, 인생계발 부류에 속했다. 데일 카네기의 명저 『인간관계론』(*How to Win Friends and Influence People*) 같은 책 말이다. 그런데 지금은 이런 책 제목이 넘쳐 나고, 심지어 그리스도인들이 읽는 책에까지 성육신했다. 우리는 '그리스도인이 되는 방법론'을 알기 원한다.

　그런 책들은 제목이 대개 저것보다 더 교묘하다. 하지만 오늘날 많은 기독교 서적이 방법론을 알려 주는 부류에 속한다는 사실을 알게 된대도 그리 놀랍지는 않다. 기독교 베스트셀러들을 훑어보라. 우리의 자아, 잠재력, 잠재력의 성취 방법, 혹은 우리의 문제와 그 해결 방법에 관한 책들로 가득할 것이다. 하나님, 하나님이 그리스도 안에서 우리를 위해 하신 일, 그리스도인의 성품에 관한 책일 가능성은 별로 없다. **행함**의 방법에 관한 책은 더 많고, **존재**에 관한 책은 더 적으며, **궁극적 존재**에 관한 책은 극히 적다.

방법론 서적 중 일부는 목사들에게서 점점 더 인기를 얻고 있다. 이것은 『[성경 A 또는 B를] 가르치는/설교하는 방법』 같은 책이 있는 이유를 설명해 준다. 바쁜 목사들에게는 더 이상 주요 주석서를 완독하고, 기독론에 관한 책을 읽고, 삼위일체 교리와 씨름하고, 하나님의 형상의 의미를 묵상할 시간이 없다. 사람들은 자기 머리의 채움이 아니라 자기 문제의 해결을 원한다. 게다가 설교는 그 시대의 이슈를 다루어야 한다. 아니면 그래 보이기라도 해야 한다.

얼마 전, 젊은 사역자가 내게 찾아와서 선배 사역자가 자신에게 삼위일체에 관한 책을 읽은 적이 있느냐고 묻더라고 했다. 당신은 "그 선배 사역자를 위해 만세삼창을!"이라고 생각할지 모르겠다. 하지만 아니다. 젊은 사역자는 읽어 본 적이 있다고 조용히 대답했다(당신은 밥값 하는 목사라면 삼위일체에 관한 책은 당연히 읽었으리라고 생각할 것이다!). 그 **선배 사역자**는 자신이 이제 막 삼위일체에 관해 첫 번째로 읽어 왔던 책을 끝냈노라고 말했다(그는 그간 성부 성자 성령의 이름으로 세례를 주면서 대체 무슨 생각을 했을까?).

이것이 우리의 영적 상태를 보여 주는 징후다. 이런 상황은 애통해하기 쉽고, 또 애통할 일이기도 하다. 하지만 우리가 (적어도) 조심해야 할 지점이 바로 여기다. 그렇다. 본질을 모른 채 방법에 집중하는 것은 복음을 전복한다. 마찬가지로, 방법에 대한 질문 없이 본질에 집중하는 것은 삶을 살찌움 없이 머리만 크게 부풀리기 쉽다. 그것은 복음을 싹둑 잘라 내는 일이다. 우리가 방법에 대해 질문해야 하는 이유는 신약성경이 이를 질문하고, 우리가 그 질문에 답할 수 있도록 돕기 때문이다.

이것이 참이다. 그러나 그 참이 항상 명확한 것은 아니다.

바울이 당신에게 **무엇**이 돼야 하는지는 말해 주면서도 **어떻게** 그럴 수 있는지는 말해 주지 않는 것 같을 때, 당신은 가끔 좌절감을 조금 맛보지 않는가? 어쩌면 그것이 그토록 많은 그리스도인이 책, 세미나, 혹은 방법론에 능한 교사를 찾는 이유를 설명해 주는 것 같다. 사실 이런 것들에 끌리는 이유는 아마도 ① 그것들이 **우리**에 관해 말하고 있고 ② 가르침이 매우 실용적이기 때문일 것이다.

하지만 성경은 우리에 관해서도 말한다. 그리고 확신컨대 올바른 생각을 가진 그리스도인이라면 성경이 실용적인 책이 아니라고는 말하지 못할 것이다. 그러므로 문제는 우리가 성경을 제대로 읽어 본 적이 없고, 충분히 주의 깊게 듣지 않았다는 것이다.

정말이지 만약 우리가 성경 구절을 조금만 더 인내하여 묵상한다면, 우리는 본질에 관한 가르침 안에 방법에 관한 가르침도 함께 새겨져 있음을 발견할 것이다.

그렇게 하려면 우선 복음이 말하는 언어를 배워야 한다. 특히 예수 그리스도의 복음에는 고유한 문법이 있음을 알아야 한다. 우리의 삶이 그리스도께 합당하게 되려면 복음의 문법을 배워야 한다.

복음의 문법

우리는 무의식적으로 모국어의 문법 규칙을 습득한다. 어떤 면에서 이것을 '규칙'이라고 부르는 것이 유감이지만, 규칙은 우리의 소통과 페어플레이를 돕는다. 럭비 경기는 규칙에 따라 진행된다(경기에서 '스로인'이 아닌데도 공을 집어 앞으로 던지는 미국인은 화 있을진저. 럭비는 언제나 공을 뒤로 던지면서 앞으로 전진하는 경기이기 때문이다!). 규칙은 경기 진행이 가능하게 해 준다.

언어도 마찬가지로 작동한다. 우리는 경기에 참여하면서 '언어 게임'의 규칙을 사용한다. 그리고 언어 잔소리꾼이 나타나 언제 "윌리엄과 내가(I)"가 되어야 하고 언제 "윌리엄과 나를(me)"이 되어야 하는지를 말해 주기 전에는 좀처럼 그 규칙에 대해 따지지 않는다.

외국어를 배울 때의 큰 도전은 사람들이 사용하는 문자와 억양뿐만 아니라 표기법과 문법도 다르다는 것이다. 이 모든 것이 불가능하리만큼 어려워 보이는 이유는, 그것이 우리에게 너무나 저항적이기 때문이다.

초등학생 때의 추억 중 하나는 선생님과 의견 차이가 있었던 경험이다. 그 자체가 놀라운 일이다. 우리는 수업 시간에 말을 해서는 안 될 때를 제외하고는 거의 말을 하지 않았기 때문이다! 선생님이 칠판에(맞다, 칠판!) '높이'(height)라는 단어를 쓰셨다. 나는 손을 들고 "선생님, 철자가 틀렸는데요. **h-i-g-h-t**인데요. '높은'(high)을 **h-i-g-h**로 쓰니까요, **h-i-g-h-t**가 되어야 해요"라고 말했던 기억이 난다!

그때 기억에 민망하다. 나는 철자의 논리에 상당히 완고하고 까다로운 사람이었던 것이 분명하다! 하지만 그날에야 나는 영어가 논리적이지 않다는 것을 깨달았다. 적어도 일곱 살짜리의 논리에는 맞지 않았다.

복음도 그러하다. 복음만의 논리가 있고, 자체의 문법으로 표현된다. 그리고 말할 때는 자체의 억양이 드러난다.

우리가 그리스도인이 되기 전에는 이 새로운 언어가 우리의 논리를 거스르는 것처럼 보인다. 예수님이 니고데모에게 어떻게 말씀하셨는지를 생각해 보라. 사람이 "거듭나지" 않으면 하나님 나라를 볼(see) 수 없다고 하셨다. ("이스라엘의 선생"[요 3:10]이었던) 니고데모는 이렇게 대답했다. "예수님, 저는 그걸 **이해할**(see) 수가 없는데요." 예수님은 니고데모에게 사람이 거듭나지 않으면 하나님 나라를 볼 수 없다고 말씀하셨고, 니고데모는 그건 옳을 수가 없다고 대답했다. 왜? 그가 이해하지 못했기 때문이다! 그는 이 새로운 언어를 알아듣지 못했기에 "보세요, 예수님, 사람이 두 번째 모태에 들어갔다가 다시 태어날 순 없잖아요?"라고 말할 수밖에 없었다.

복음에는 그 자체의 문법이 있다. 바울은 우리가 다른 나라의 시민으로 살아야 함을 상기시킨다. 이것은 우리가 다른 언어로 말한다는 뜻이다.

복음이라는 새로운 언어를 지배하는 규칙이 무엇일까? 우리는 더 성숙한 그리스도인들에게 귀를 기울이고 그들을 관찰함으로써 자연스럽게 그 규칙을 배운다(이것이 교회 가족의 아름다움이다). 덕분에 복음 문법에서 가장 기초적인 요소에 집중할 수 있다. 여기 몇 가지 요소가 있다.

법

우리에게는 기분(moods)이 있고, 동사에는 법(moods)이 있다! 그런데 문법에 관해 말하자면, 법은 정말로 모드(mode, 동사가 작동하는 방법)의 변형이다. 우리의 목적에 비추어 볼 때 중요한 두 가지 법은 ① 동사가 사실을 표현하는 '직설법'과 ② 동사가 명령을 발하는 '명령법'이다.

자, 이 점을 염두에 두고 예수님과 니고데모의 대화를 다시 한 번 생각해 보라. 예수님은 '하나님 나라를 보고 하나님 나라에 들어가려면 반드시 거듭나야 한다'는 사실을 진술하신다. 니고데모는 '어떻게 그것이 가능한가' 근본적으로 되묻는다. 그는 하나님 나라에 받아들여지는 방법이 우리의 행함에 의한 것이라고 생각한다. 명령법을 직설법과 혼동하는 것이다.

대개 그런 식으로 생각하지 않는가? 하나님께 용납되는 방법은 우리가 최선을 다하는 것이라고, 그러면 하나님이 우리를 받아 주실 것이라고 말이다. 물론 우리는 완벽하지 않지만, 하늘은 스스로 돕는 자를 돕는다고 말이다. (다른 사람만큼만 잘하면 안전할 수 있다고 생각하며) 최선을 다하는 한, 우리는 통과될 것이라고 말이다.

문법 용어로 말하자면, 사람들이 따르는 본능적인 규칙은 다음과 같다.

명령법 '최선을 다하라'는
직설법 '그러면 하나님이 당신을 구원하실 것이다'로 이어진다.

하지만 복음은 다른 문법을 사용한다. 그 규칙은 다음과 같다.

직설법 '그리스도께서 우리 죄를 위하여 죽으셨다'(고전 15:3)는

명령법 "주 예수를 믿으라 그리하면 너와 네 집이 구원을 받으리라"(행 16:31)로 이어진다.

다시 말하자면,

직설법 '하나님이 그리스도 안에 계시사 세상을 자기와 화목하게 하셨다'(고후 5:19)는
명령법 "너희는 하나님과 화목하라"(고후 5:20)로 이어진다.

직설법과 명령법은 서로에게 속하고 하나가 다른 하나와 연결되지만, 순서를 혼동하면 복음이 심하게 훼손된다. 비록 문장 순서에서 명령법이 직설법보다 앞선다 해도, 복음 문법의 논리 순서로는 하나님의 직설법이 언제나 하나님의 명령법을 위한 토대다. 하나님의 은혜가 언제나 우리 순종을 위한 기초이자 동기다. 결코 다른 순서는 없다.

성경은 이런 예시로 가득하다. 창세기 2장의 태초부터 그렇다.

직설법(은혜) "각종 나무의 열매는 네가 임의로 먹되"(창 2:16)는
명령법(순종) "선악을 알게 하는 나무의 열매는 먹지 말라"(창 2:17)로 이어진다.

출애굽기 20장에서 하나님이 십계명을 주실 때도 같은 논리임을 아는 것이 중요하다.

직설법 "나는 너를 애굽 땅, 종 되었던 집에서 인도하여 낸 네 하나님 여호와니라"(출 20:2)는

명령법 "너는 나 외에는 다른 신들을 네게 두지 말라"(출 20:3)로 이어진다.

바울은 빌립보서를 쓰기까지 수년 동안 '복음 문법'을 사용해 오고 있었다. 복음 문법은 이미 그에게 너무나 자연스러운 것이 되어 있었다. 그러나 바울은 전혀 다른 언어의 문법을 사용하던 옛 시절을 떠올릴 수 있었다. 그때 그는 자신이 "율법에서 난" 의를 가졌다고, 그래서 자신은 "흠이 없는 자"라고 믿었다(빌 3:6, 9). 그가 전에 사용하던 언어는 본질적으로 다음과 같이 작동했다.

명령법 '계명을 지키라'는

직설법 '그 결과 너는 하나님 앞에서 흠이 없게 될 것이다'로 이어져야 했다.

하지만 바울은 그리스도를 만나 복음을 이해하기 시작했고, 복음의 언어를 유창하게 배웠다. 그래서 정반대 사실을 발견했다.

직설법 '하나님 앞에서 의롭다 함은 그리스도를 통해 온다'는
명령법 '의를 위해 예수 그리스도만을 믿으라. 그리하면 너는 하나님으로부터 온 의를 갖게 될 것이다'로 이어진다.

왜 이 점을 장황하게 이야기할까? 우리가 자꾸 잊어버리고 앞뒤 순서를 바꾸기 때문이다. **그리스도인이 되기 전에만이 아니라 그리스도인이 된 후에도 그런다.** 복음 문법의 이 규칙은 그리스도인이 된 첫날부터 끝날까지 불변한다. 하나님의 직설법은 모든 명령법의 토대다. 하나님의 섭리가 우리의 변화의 원천이다. 우리가 어쩔 수 없이 우리의 힘에 기대게 되는 일은 없다. 우리는 언제나 그분의 섭리에 초대된다.

그러므로 "복음에 합당하게 생활하라"는 **바울의 명령법**을 읽을 때, 우리는 반드시 "이 명령법은 어떤 **하나님의 은혜의 직설법** 위에 놓여 있는가?"를 물어야 한다. 그만큼 압도적인 명령법이기 때문이다. 이 명령법이 우리를 으스러뜨릴 수 있고, 또 저절로 그렇게 할 것이다. 자, 저 명령법은 무엇이 지탱하는가?

그렇다. "제가 어떻게 복음에 합당하게 생활할 수 있을까요?"라고 묻는 것은 맞다. 하지만 먼저 "이 일이 가능하도록 **하나님은 무엇을 하십니까?**"라고 묻고 그분의 섭리를 받아들여야 한다. 이 질문에 답할 때 중요한 부분은 복음 문법의 또 다른 특징인 전치사를 이해하는 것이다.

전치사

전치사(prepositions)는 문장의 요소들을 서로 다른 방식으로 연결한다. 당신이 친구에게 "나는 모임 **전에** 심부름을 가야 해. 우리는 점심 식사 **후에** 이야기할 수 있어"라고 말한다고 하자. '전에'와 '후에'는 시간의 전치사다. 당신이 친구에게 "식당 **밖에서**" 만날 거라고 말한다면, 당신은 장소의 전치사를 사용한 것이다.

기독교 용어에서 가장 중요한 전치사는 장소의 전치사인 **안에**(in)다. 그리고 이 용어의 가장 중요한 용례는 "그리스도 안에"(in Christ)라는 표현이다. 바울은 "그 안에"(in him 혹은 in whom) 등의 유사한 표현을 제외하고도 여든 번 이상 사용한다. 게다가 "주 안에"(in the Lord)라는 표현은 마흔 번 이상 사용한다.

바울이 **그리스도인**이라는 단어를 사용했다는 증거가 전혀 없다는 사실이 놀랍다. 사실 그가 그 단어를 들어봤으리라 확신할 수 있는 경우는 딱 한 번뿐이다(더구나 그때 그 단어는 경멸 조로 사용되었다!).[1] 바울은 자신을 "그리스도 안에 있는 한 사람"으로 이해했다.

청소년 때 "내가 그리스도 안에 있는 한 사람을 아노니 그는 십사 년 전에 셋째 하늘에 이끌려 간 자라"(고후 12:2)는 바울의 말을 읽고 어리둥절했던 것이 기억난다. 바울이 알던 이 사람은 대체 누구지? 나중에야 그가 자신에 대해 말하고 있음을 알게 되었! 그가 바로 "그리스도 안에 있는 한 사람"이었다. 이 표현이 그가 그리스도인의 의미를 설명하는 가장 기본적인 방법이었다. 그리스도인이란 그리스도와 연합한 자다. 그래서 그리스도께서 그를 위해 하신 모든 것이 그의 것이 되었다. 그리스도인이 된다는 말은 이제 더 이상 '아담 안에' 있지 않다는 뜻이다. 바울은 말한다. "그런즉 누구든지 그리스도 안에 있으면 새로운 피조물이라 이전 것은 지나갔으니 보라 새 것이 되었도다"(고후 5:17). 이것이 바로 바울이 에베소서 1장 3-14절에서 그리스도 안에 있는 자들은 그분 안에서 모든 신령한 복을 누리게 되었다고 말하는 이유다.

바울은 성경의 두 부분(롬 6:1-14; 골 3:1-17)에서 이를 매우 자세하게 설명한다. 이 두 부분은 '그리스도께 속하다'와 '그리스도 안에 있다'가 무슨 의미인지를 숨이 막힐 만큼 멋진 그림으로 그려 보인다.

여기서 간략히 정리해 보자면, 신자는 믿음을 통해 주 예수님과 연합한 자로서 죄의 지배권 또는 통치권에 대해 죽었으며 새 생명으로 다시 살아났다. 그뿐 아니라 지금 우리의 진짜 생명은 하나님 안에서 그리스도와 함께 감추어져 있다. 사실 우리는 그리스도와 너무나 깊이 연합되어 있어서 죽음조차도 그리스도와 우리의 연합을 깨뜨리지 못할 것이다. 그리스도께서 나타나실 때 우리는 영광 중에 그리스도와 함께 나타날 것이다.

신약성경에서 매우 중요한 구절인 로마서 6장 1-14절에서 바울은 복음에 합당한 삶의 토대는 그리스도 안에서 우리가 누구인지를 아는 것이라고 분명히 밝힌다. 여기서 바울은 우리가 공동의

특성을 공유하는 새로운 부류의 인간임을 시사한다. 우리는 죄에 대해 죽었고 새 생명으로 다시 살아났다는 사실에 의해 정의된다. 바울이 **"죄에 대하여 죽은 우리가 어찌 그 가운데 더 살리요"**(롬 6:2)라고 물을 때, 그는 같은 부류(죄에 대하여 죽고 새 생명으로 다시 태어난 자들의 부류)에 속한다는 뜻을 함축하는 인칭대명사("우리"-역자 주)를 사용한다. 이것이 바로 지금의 우리에 대한 정의다. 이것이 우리다. 우리의 새로운 정체성이다. 왜냐하면 바울이 로마서 5장 12-21절에서 설명했듯이 우리는 더 이상 '아담 안에' 있지 않고 '그리스도 안에' 있기 때문이다.

우리가 그리스도 안에 있다면, 우리에 관한 진리는 이렇다. '우리는 더 이상 죄의 지배권 아래 있지 않다.' 우리는 그리스도 안에서 죄로부터 해방되었다.

> "그[그리스도]가 죽으심은 죄에 대하여 단번에 죽으심이요 그가 살아 계심은 하나님께 대하여 살아 계심이니 이와 같이 너희도 너희 자신을 죄에 대하여는 죽은 자요 그리스도 예수 안에서 하나님께 대하여는 살아 있는 자로 여길지어다 그러므로 너희는 죄가 너희 죽을 몸을 지배하지 못하게 하여 몸의 사욕에 순종하지 말고"(롬 6:10-12).

자, 이것이 **우리**다. **우리의 정체성**이다. 자신에 대해 이런 식으로 생각하지 못하면 영적인 정체성을 상실하고 고통당하게 된다. 그렇게 되면 내가 예수 그리스도의 복음에 합당한 삶을 살지 못한대도 놀라운 일이 아니다. 그렇게 되면 나는 복음이 성취한 바를 싹둑 잘라 낸 채 이해하게 되는 것이다!

복음 문법의 이 두 번째 규칙은 이와 연관된 세 번째 규칙으로 우리를 안내한다.

시제

우리는 말하거나 쓸 때 시제(tenses)를 사용한다. 가장 기본적인 시제는 과거, 현재, 미래다. 복음은 우리가 그리스도인으로서 현재를 살아야 한다고 가르친다. 그런데 과거와 미래에 비추어, 즉 '이미'와 '아직'에 비추어 그리스도 안에서 산다는 사실을 의식하고 현재를 살아야 한다고 가르친다.

주 예수님은 죽음과 부활과 승천으로써 **이미** 우리의 구원에 필요한 모든 것을 이루셨다. 하지만 **아직** 그분의 사역을 완성하지 않으셨다. 사역의 완성은 예수님의 재림을 기다린다. 우리가 그리스도 안에 있기 때문에, 우리는 **이미** 죄에 대하여 죽었고 더 이상 죄의 지배 아래 있지 않다(롬 6:14). 하지만 죄는 **아직** 우리 안에서 죽지 않았다. 그래서 그때까지 우리는 평생 죄와 싸워야 할 것이다. 놀라운 진리는, 가장 중요한 일들은 **이미** 성취되었다는 것이다. 우리를 지배하는 죄의 군림은 **이미** 끝났다. 그것이 바로 죄가 **아직** 우리 안에서 말살되지 않았음에도 우리에게 미치는 죄의 영향력에 우리가 저항할 수 있는 이유다!

이런 식으로 생각해 보자. 내 영국 친구 중에는 미국 시민이 된 이들이 있다. 만약 영국 정부가 그들에게 당장 군대에 가야 한다고 편지를 보내온다면, 그들은 이렇게 답장을 쓸 수 있을 것이다. "아시다시피, 여전히 내겐 그렇게 해야 한다는 느낌이 남아 있습니다. 하지만 당신은 더 이상 내 주인이 아닙니다! 나는 당신의 권위 아래 있지 않아요. 나는 당신의 권위로부터 놓여났거든요."

죄의 지배도 마찬가지다.

이것은 우리 삶이 복음의 문법을 표현하는 방식에 더욱 심오한 영향을 미친다. 그리고 또 다른 요소로 우리를 데려간다.

부정문과 긍정문

일반적인 진술문(직설법)과 명령문(명령법)은 긍정문(positives, 이것을 하라)이거나 부정문(negatives, 이것을 하지 말라)이다.

복음은 풍성하고 멋진 긍정문으로 가득하다. 그리스도 안에서 우리는 새 생명으로 다시 태어났고 모든 신령한 복을 받았다(엡 1:3-14). 하지만 그 긍정문들도 우리 삶에 부정문을 도입하도록 요구한다.

오늘날 부정문은 구닥다리 취급을 받는다. 삶의 모든 영역에서 우리는 부정성을 제거하라는 독촉을 받는다. 유일하게 부정해도

되는 것은 … 부정적인 것이다!

하지만 그리스도인의 삶에서는 그렇지 않다. 복음의 깊은 논리는 긍정적 의미와 부정적 의미 둘 다로 이어지기 때문이다.

빌립보 교인들을 예로 들자면, 그들은 복음에 합당한 삶을 살라는 강권을 받았다. 그들은 "그리스도 예수 안에"(빌 1:1) 있기에 하늘의 시민권자였다. 그들에게는 새로운 정체성이 있었다. 그들은 죄의 지배권에 대해서는 죽고 새 생명으로 다시 태어난 자들의 나라의 시민권자였다.

하지만 동시에 그들은 "빌립보에" 있었다. 그들은 옛 세상에서 새 생명을 살아 내고 있었다. 게다가 그들은 아직 부활의 몸으로 새 생명을 사는 것이 아니었다. 이 같은 현실이 참인 이상, 빌립보 교인들에게는 부정성이 필요했다. 예를 들어, 그들은 "원망과 시비"(빌 2:14)와 '육체를 신뢰함'(빌 3:3), '영적으로 이미 도달했다고 생각함'(빌 3:12)을 부정해야 했다. 그리고 "그리스도의 십자가의 원수"(빌 3:18)로 행하는 자들의 영향력을 깊이 부정해야 했다.

따라서 바울은 빌립보의 그리스도인들에게 하늘의 시민권자로서 살라고 긍정적으로 강권한다. 그런데 그 말은 그들이 빌립보에 속한 것처럼 살아서는 안 된다는 뜻을 부정적으로 함축한다. 바울은 로마서의 유명한 구절에도 본질적으로 이와 같은 생각을 담는다. "너희는 이 세대를 **본받지 말고** 오직 마음을 새롭게 함으로 **변화를 받아**"(롬 12:2)라. 물론 이 부정 명령법과 긍정 명령법은 다음의 영광스러운 직설법에 토대를 둔다. "그러므로 형제들아 내가 하나님의 모든 자비하심으로 너희를 권하노니"(롬 12:1). 그들은 이제 자기가 누구(그리스도의 아우이자 공동 상속자)인지를 생각해야 한다. 하나님의 자비를 받았기 때문이다.

이 패턴에는 우리가 돌아가야 할 깊이가 있다. 하지만 지금은 이 구절에 표현된 삶의 리듬을 생각해 봐야 한다. 복음에 합당한 삶을 사는 사람은 영적으로 **부정적인** 발걸음('본받지 말라'와 같은)과 **긍정적인** 발걸음('변화를 받으라'와 같은) 둘 다를 떼며 두 발로 균형 있게 걷는다. 복음의 문법에 언제나 직설법과 명령법이 있듯이, 복음에 합당한 삶에는 언제나 긍정-부정의 리듬, "예"와 "아니오"가 있을 것이다.

그러므로 그리스도의 복음에 합당한 삶은 디도서 2장 11-13절을 일상에서 구현하는 삶이다.

직설법 "모든 사람에게 구원을 주시는 하나님의 은혜가 나타나"
명령법 "우리를 양육하시되"
부정문 "경건하지 않은 것과 이 세상 정욕을 다 버리고"
긍정문 "신중함과 의로움과 경건함으로 이 세상에 살고 복스러운 소망과 우리의 크신 하나님 구주 예수 그리스도의 영광이 나타나심을 기다리게 하셨으니"

그리고 이 구절에 관해 생각할 때는 '이미'와 '아직'에 주목하라.

이미 은혜가 이미 나타났고, 우리는 새로운 '현재'(개역개정 성경에서는 "이 세상"-역자 주)를 살고 있다.
아직 우리는 "예수 그리스도의 … 나타나심을 기다리"고 있다.

성경에 이런 패턴이 반복되고 있다는 것을 깨닫기 시작할 때 우리는 차츰 은혜의 언어에 유창해지는 법을 배운다. 그 문법이 점점 더 자연스럽게 스며든다.

복음의 위대한 직설법적 토대를 깊이 파 내려가서 결국 매우 까다로운 은혜의 명령법에 응답할 수 있다. 이 과정에서 우리는 여전히 이 세상에서 살면서 그리스도 안에 있다는 것이 무슨 의미인지를 점점 더 잘 이해한다. 그 결과 그리스도께서 우리를 **위해** 그리고 우리 **안에**(이외에도 사용법을 익혀야 할 전치사가 더 있다) 이미 성취하신 것에 기뻐하면서, 이를테면 두 발로 굳건히 걷는다. 우리는 그리스도께서 우리 안에서 **이미** 시작하신 일이 **아직** 완료되지 않았음을 깨닫는다. 그래서 죄에 대한 부정적 반응과 은혜에 대한 긍정적 발전이라는 리듬이 안정적으로 전개되어야 할 이유를 이해하기 시작한다.

동행

우리 가족은 스코틀랜드인이다. 스코틀랜드인을 (적어도 어느 정도) 규정하는 특징은 골프를 친다는 것이다(감사하게도 스코틀랜드는 여전히 거의 어느 곳이든 적당히만 번다면 동네 골프 클럽 회원비를 감당할 수 있는 곳이다).

어느 여름날의 저녁을 기억한다. 나는 라운드를 마친 두 아들을 데리러 골프 클럽에 갔다. 당시는 누구나 핸드폰을 들고 다니던 시절이 아니어서, 난 그 애들이 너무 재미있어서 몇 홀을 더 치기로 했다는 사실을 모르고 있었다. 기다리는 동안 해가 기울어지기 시작했다. 그때 지평선에 두 개의 실루엣이 나타났다. 두 아이의 나이 차가 일곱 살이어서 당시에는 한 아이가 다른 아이보다 훨씬 더 컸다. 두 아이는 17번 그린에서 18번 티로 천천히 걸어갔다. 키가 작고 어린 동생이 형을 따라가고 있었다. 그 아이들을 바라보는 동안 내 마음에 특별한 애정이 일었다. "내 아들들이다." 나는 생각했다. "난 어디서든 이 애들의 걸음걸이를 알아볼 수 있어. 형을 따라가는 동생을 바라보니 마음 깊이 감동과 사랑이 일어나는구나!"

그리스도인인 우리에게도 이와 유사함이 있다. 복음은 우리가 어디서든 알아볼 수 있는 걸음걸이를 걷게 한다.

그날 저녁 아들들에게 느꼈던 그 특별한 애정은 또 다른 애정에 대해 생각하게 했다. 우리의 하늘 아버지께서 우리에게 똑같은 감정을 느끼신다면 어떨까? 그리스도께서 "많은 형제 중에서 맏아들이 되"시도록 우리가 "그 아들의 형상을 본받"는다면?(롬 8:29) 하늘 아버지도 우리에 대한 사랑에 북받쳐서 나지막하게 이렇게 말씀하실까? "내 아들들이다. 난 어디서든 이 애들의 걸음걸이를 알아볼 수 있어. 맏아들 주 예수를 따라가는 동생들을 바라보니 마음 깊이 감동과 사랑이 일어나는구나!"

이것이 진실이라면(물론 진실이다), 이것은 사랑의 순종이라는 명령법에 응답하도록 도와주는, 충분히 강력한 은혜의 직설법이지 않은가?

chapter 3

우리를 변화시키는
하나님의 도구

그리스도를 믿기 전, 복음은 우리에게 외국어나 다름없다. 그리스도인이 된 후에도 복음을 배우는 일에는 몇 가지 중요한 적응 과정이 필요하다.

새로운 언어 배우기

어떤 외국어는 우리가 쓰는 영어와 연결 지점이 있다. 어원이 공통되거나 같은 알파벳을 사용한다. 하지만 어떤 언어는 처음에는 습득이 불가능해 보일 정도로 우리에게 충격을 안겨 준다. 적응해야 할 점이 너무 많은 것이다.

히브리어를 예로 들어 보자. 내 책 중에 히브리어로 번역된 책이 있다. 당신에게 그 책을 건넨다면 가장 먼저 문자가 전혀 다르게 생겼다는 사실을 알아챌 것이다. 게다가 책 뒤표지를 앞표지로 착각해서 책을 거꾸로 들 가능성도 있다. 왜냐고? 책의 '뒷면'이 앞면이기 때문이다! 말이 안 되는데! 히브리어는 오른쪽 페이지에서 왼쪽 페이지 방향으로 읽는다는 것을 기억해야 한다. 이것이 바로 책의 앞면이 '뒷면'이 되는 것이 논리적으로 완벽하게 말이 되는 이유다.

혼란스러운가? 더 있다. 당신에게 히브리어 성경을 보여 준다면, 단어 **밑에** 표기된 이상하게 생긴 표시를 보게 될 것이다. '모음 부호'라는 것이다. 하지만 내가 당신에게 현대 히브리어로 번역된 책을 보여 준다면, 그런 모음 부호가 없음을 알아챌 것이다. 히브리어를 모국어로 사용하는 사람들은 모음의 도움 없이도 단어의 의미를 안다. 그것에 익숙해지려면 시간이 좀 걸린다. 그래도 내가 "Th_ c_t s_t _n th_ m_t"라고 쓴다면 당신이 "The cat sat on the mat"(고양이가 매트 위에 앉았다)라고 알아채는 데는 큰 어려움이 없을 것이다.

하지만 처음 히브리어를 배우는 것이 대부분의 사람에게 힘든 일이다. 새로운 문자들! 같은 물건을 가리키는 낯선 단어들! 평상시 내는 소리와는 다른 소리들! 뒷면부터 펼치는 책들! 반대 방향으로 읽는 단어들! 단어 밑에 있는 이상한 꼬부랑이들! 모음이 없는 단어들! 대체 누가 이런 언어를 배울 수 있다는 말이지? 그런데도 사람들은 배운다. 아마도 당신의 목사님은 히브리어를 배워 본 적이 있을 것이고, 어쩌면 그 질서 정연한 아름다움을 사랑하게 됐는지도 모른다!

(히브리어처럼) 우리의 모국어와는 다른 어족(語族)에 속한 언어를 배우는 일은 하나의 과정이다. 모국어의 작동법을 허무는 일종의 해체가 발생하는 동시에 우리의 지성 안에 히브리어의 작동법이 차츰 재건된다.

죽음과 부활의 패턴

우리가 복음의 언어를 배우고 그리스도의 복음에 합당하게 되려면 이와 비슷한 일이 일어나야 한다. 바울은 그리스도를 알게 된 일을 말할 때 아주 생생한 표현을 사용한다.

> "내가 그리스도와 그 부활의 권능과 그 고난에 참여함을 알고자 하여 그의 죽으심을 본받아 어떻게 해서든지 죽은 자 가운데서 부활에 이르려 하노니"(빌 3:10-11).

바울은 죽음과 부활이라는 패턴을 자주 사용한다. 마치 자신의 삶을 들여다보게 해 주던 안경 렌즈가 정상 시력이 적힌 처방전에 맞게 새로이 바뀌는 것과 같다. 이제 바울은 십자가에서 죽으시고 부활하신 그리스도와의 연합 차원에서 자기 삶의 모든 것을 바라보았고, 죽음과 삶, 또는 해체와 재건의 패턴을 만들었다.

훗날 저술가들도 성경에 새겨진 동일한 패턴을 보았다. 굳이 라틴어를 공부하지 않더라도, 장 칼뱅이 이를 **죄 죽임과 은혜 살림**(*mortificatio et vivificatio*)이라 하며 성경이 이를 **내적인 동시에 외적**(*interna et externa*)이라고 가르침을 깨달았다고 말할 때[1] 그 말뜻을 짐작할 수 있다.

이것은 무엇을 의미하는가? 우리가 그리스도 안에 있으면 우리는 죄에 대한 그의 죽으심과 새 생명에 대한 그의 부활하심 안에서 그리스도와 연합된다. 그래서 이것이 죄를 죽이고 그리스도를 옷 입는 방식으로 우리 삶 전체에 작동한다(골 3:1-4, 5, 12).

또한 우리 삶의 내적인 면뿐 아니라 외적인 면에도 작동한다. 그래서 바울은 다음과 같이 생생하게 말할 수 있었다.

> "우리가 항상 예수의 죽음을 몸에 짊어짐은 예수의 생명이 또한 우리 몸에 나타나게 하려 함이라 우리 살아 있는 자가 항상 예수를 위하여 죽음에 넘겨짐은 예수의 생명이 또한 우리 죽을 육체에 나타나게 하려 함이라 그런즉 사망은 우리 안에서 역사하고 생명은 너희 안에서 역사하느니라"(고후 4:10-12).

바울은 하나님이 자신을 복음이 어떻게 우리 삶에 깊은 패턴을 새기는지를 보여 주는 큰 본보기로 삼으셨다고 느꼈던 모양이다. 바울의 삶을 읽다 보면, 우리 삶에서는 훨씬 더 작은 규모로 작동하는 패턴을 바울의 삶에서는 매우 크게 볼 수 있다. 그리스도의 죽으심과 부활하심 안에서 이루어지는 그리스도와의 연합이 그리스도인의 삶의 근본에 있기에, 그리스도인의 삶은 처음부터 끝까지 해체와 재건을 수반한다.

내 기억 속에는 내가 처음 마르틴 루터의 로마서 서문을 읽었던 대학 기숙사의 방 번호가 아로새겨져 있다. 그는 이렇게 썼다.

> 로마서의 핵심 요점은 '육신의 모든 지혜와 의를 허물고 뽑아내고 파괴하라'는 것이다. … 그리스도께서 선지자 이사야를 통해 말씀하시듯, 우리 안에 있는 모든 것(즉, 우리에게서 왔고 우리에게 속했기 때문에 우리를 기쁘게 해 주는 모든 것)을 "뽑고 파괴하며 파멸하고 넘어뜨리"(렘 1:10)라는 것이다. 그리고 우리 밖에 있고 그리스도 안에 있는 모든 것을 "건설하고 심"으라는 것이다.[2]

이것이 복음이 작동하는 방법(해체와 재건)이다. 하나님은 우리 삶을 은혜롭게 돌보심을 통해 이 일을 하신다. 하나님은 그분의 주권적이고 지혜로우며 때로는 고통스러운 섭리를 통해 우리의 성품을 빚어 가신다. 그 밖의 다른 요소들은 우리가 "땅에 있는 지체를 죽이"고 그리스도의 은혜를 "옷 입"기를 추구하려고 노력하는 방식에 있다(골 3:5, 12). 이것이 오랜 원리다.

마르틴 루터는 하나님이 본래 예레미야에게 말씀하신 내용을 복음의 작동법을 설명하는 데 적용했다.

"뽑고 파괴하며
파멸하고 넘어뜨리며
건설하고 심게 하였느니라"(렘 1:10).

4세기 후에 C. S. 루이스는 이와 비슷하게 『순전한 기독교』(Mere Christianity)에서 건물의 비유를 사용했다.

당신이 살아 있는 집이라고 상상해 보라. 하나님이 그 집을 보수하러 오신다. 처음에는 아마도 하나님이 무엇을 하시는지 이해한다. 배관을 바로잡으시고 지붕 새는 곳을 고치신다. 그런 작업이 필요하다는 것을 알고 있었기에 당신은 놀라지 않는다. 그런데 이제 하나님은 잔인하게 상처를 입히시고 도통 말이 안 되는 방식으로 집을 거칠게 다루기 시작하신다. 대체 하나님은 뭘 하시려는 거지? 이에 대한 설명은, 하나님은 당신이 생각했던 것과는 사뭇 다른 집을 짓고 계시다는 것이다. 여기서 곁채를 없애고, 저기에 한 층을 더 내고, 탑을 세우고, 뜰을 만드신다. 당신은 작고 깔끔한 오두막이 될 것이라 생각했지만, 하나님은 궁전을 짓고 계시다. 하나님의 의도는 그 집에 들어와 직접 사시는 것이다.[3]

해체와 재건, 이것이 거룩한 변화의 패턴이다. 우리의 삶과 생각과 동기와 욕망과 행위의 패턴이 죄로 복잡하게 얽혀 버렸기 때문에, 하나님이 우리의 엉킨 것을 푸시고 우리에게서 독소를 제거하시고 우리를 복음에 합당하게 만드시는 일은 때로는 고통스럽고 기나긴 과정처럼 보인다. 하지만 목표는 본질적으로 간단하다. 우리의 하늘 아버지는 우리를 자신의 성육신하신 아들처럼 만드시려는 것이다. 아들을 닮도록 우리를 변화시키시려는 것이다. 하나님의 단순한 "뜻"은 우리가 "그 아들의 형상을 본받"는 것이다. 그래서 예수님이 "많은 형제 중에서 맏아들이 되게 하려 하심"이다(롬 8:28-29). 이것이 바로 "그리스도의 복음에 합당하게" 되는 것의 의미다.

하나님은 매우 힘든 예술품 복원 작업에 참여하고 계시다. 하나님은 그분의 형상과 모양이 죄로 인해 훼손되고 파괴된 인생들을 회복하신다. 하나님은 땜질에 만족하지 않고 온전한 복원을 목표하신다. 그 과정에서 오래 참으면서 오리지널 예술품을 망쳐 버린 두꺼운 오염물을 제거하실 것이다. 본래의 색깔을 복원하고 우리 인생의 캔버스가 입은 손상을 복구하실 것이다. 그러고는 영화(glorification)라는 최종 광택제를 바르실 것이다.

이 모든 과정에서 하나님은 성령님을 통해 우리를 복음에 합당하게 만드시기 위해 그리스도 안에 쌓아 두신 모든 자원을 총동원하신다. '합당한 것'의 복원은 언제나 '합당하지 못한 것'의 제거를 포함한다.

이런 패턴은 신약성경에 매우 분명하게 나타난다. 누구보다도 바울 자신이 이를 보여 주는 큰 본보기였다. 하지만 하나님의 계획은 성경 전체를 관통하여 흐른다. 다른 사람들의 인생도 이 패턴의 '큰 글자판'처럼 읽힌다. 그들은 우리가 우리 삶에서도 그 패턴의 축소판을 읽을 수 있게 해 준다. 하지만 우리 삶이 아무리 축소판에 불과할지라도 우리가 착용한 성경의 렌즈로 본다면 그 패턴은 우리가 충분히 읽어 낼 수 있을 만큼 아주 선명하다.

우리에게 친숙하고 사랑받는 요셉의 이야기는 그 패턴의 고전이며 큰 글자판이다.[4]

오색찬란한 요셉의 인생

장면을 그려 보자. 야곱의 잘생긴 열일곱 살 아들 요셉이 가족과 함께 아침 식사 자리에 앉아 있다. 요셉은 "채색옷"을 입고 있다. 그의 아버지가 "여러 아들들보다 그를 더 사랑하므로"(명청한 사람!) 그를 위하여 특별 제작해 마련한 옷이다. 야곱의 지혜 없음이 그 아들에게서 반복된다. 스코틀랜드식으로 표현하자면, 그 아들이 벌써부터 형들을 '밀고'한 것이다. "그가 그들의 잘못을 아버지에게 말하더라." 놀랄 것도 없이, 형들은 "그를 미워하여 그에게 편안하게 말할 수 없었"다(창 37:1-4).

요셉은 어리석고 무디게도 조심성 없이 아침 식사 자리에서 불쑥 이렇게 말한다.

"모두 들어 보세요. 지난밤에 제가 꿈을 꾸었답니다. 우리가 다 추수하는 밭에서 곡식단을 묶고 있었어요. 그런데 **여러분의** 곡식단이 모두 **나의** 곡식단에 와서 절하지 뭐예요!"

자신이 불러일으킨 짜증에 요셉은 만족하지 못했나 보다. 어쩌면 자아도취가 너무 심해서 자신이 다른 사람에게 이미 입혔거나 지금 입히고 있는 상처를 감지하지 못했는지도 모른다. 요셉은 다음에도 아침 식사 자리에서 두 번째 꿈을 말한다. 이번에는 그 꿈에 땅이 아닌 하늘의 것이 등장했다. "해와 달과 열한 별이 내게 절하더이다"(창 37:9).

자비롭게도 그의 어머니의 반응이 기록되어 있지 않다! 내 어머니라면 "내 아들이면 그렇게 멍청할 수 있을지 생각해 보거라!"고 말씀하셨을 것이다.

물론 다음 이야기에서 눈을 떼지 못하게 만드는 것은 그 꿈들이 실현되는 과정이다. 하지만 그 이야기를 **교훈**으로 만드는 것은 어떻게 이런 일이 일어나고 무슨 결과로 이어지느냐다.

결말에 이르기까지 적어도 세 가지 반전이 일어났다.

① 아버지 야곱이 아들들에 대한 태도를 바꾸었다.
② 형들이 아버지와 요셉에 대한 태도를 바꾸었다.
③ 요셉이 자신의 꿈을 내뱉을 때는 갖추지 못했던 모든 것(즉, 겸손, 지혜, 인내, 배려)을 갖추게 되었다.

주제만 놓고 보면 총리 요셉은 결국 그가 열일곱 살에 경험했던 꿈에 '합당하게' 되었다고 말할 수 있다. 그는 그 당시에는 그 꿈이 아무도 모르게 펼쳐지게 하는 데 필요한 인내가 부족했다. 세심함과 지혜가 부족했다. 입단속을 하지 않고 계속해서 떠들어 댔다. 가족보다는 자신과 자신의 꿈을 더 좋아했다. 그 모든 것은 변화되어야 했다.

주목할 만한 것은 전체 이야기가 요셉의 이런 결점들에 상당히 의존한다는 사실이다. 하지만 그것은 오직 하나님이 은혜와 주권과 지혜와 섭리로 요셉을 위해 일하셔서, 요셉을 해체하신 후 재건하셨기 때문이다.

창세기는 반복된 표현으로 일이 어떻게 진행되고 있는지를 설명한다. '여호와께서 요셉과 함께하셨다'(창 39:2, 21, 23). 그래서 이야기가 마무리될 무렵, 요셉은 자신의 지혜가 하나님의 선물임을 아는 사람이 되어 있었다.

요셉은 풍년과 흉년을 다루는 방식과 특히 가족을 다루는 방식에서 정말 놀라운 인내를 보여 준다. 형들이 흉년의 때에 애굽을 방문해서 자신들이 거래해야 할 총리가 사실은 동생인 것을 깨닫지 못하고 있을 때, 요셉은 자신의 정체를 즉시 발설하지 않는다. 형들이 그 앞에 절할 때 "저예요, 요셉! 제가 이렇게 될 거라고 말했잖아요!"라고 하는 일은 없다. 형들을 대할 때 오직 인내와 지혜와 배려만이 있다. 그렇게 형들이 변화되고 궁극적으로 가족 간의 유대가 회복된다.

위대한 이야기들은 종종 유사한 구조를 공유한다. 줄거리가 소용돌이치며 하락하다가 가장 밑바닥에 이른다. 그 후 터닝포인트가 찾아오고 줄거리는 상승하여 환희에 찬 결론에 이른다. 이야기를 전개하면서 작가는 사건의 결말에 이르러서야 비로소 이해되는 디테일과 실마리를 심어 놓는다.

여기서도 그렇다.

요셉의 이야기에는 시간의 흐름에 관한 두 가지 중요한 암시가 있다. 우리가 요셉을 처음 만날 때 그는 열일곱 살이다(창 37:2). 지혜와 배려와 인내가 다 부족한 사람으로 그려진다. 하나님 중심적이라기보다 자기중심적이다.

이후의 세월은 그의 인생을 추락하는 소용돌이로 채운다. 우리는 그가 강간 미수 혐의로 누명을 쓰고 사람들에게서 잊힌 해몽가로 감옥에 머무는 것을 본다.

그런데 그때 터닝포인트가 찾아온다. 바로의 꿈을 해석해 달라는 요청을 받는다. 그가 애굽의 총리로 임명됨으로써 성령님이 주신 그의 지혜가 알려진다.

바로 이때 화자는 "요셉이 애굽 왕 바로 앞에 설 때에 삼십 세라"(창 41:46)는 말을 이야기에 슬그머니 넣는다. 성경의 대략적인 계산에 의하면, 우리가 그를 처음 만난 이래로 십사 년이 흘렀다. 화자는 여기서 우리에게 뭔가를 말하고 있다. 하나님은 십사 년 동안 요셉과 함께하셨고, 다가올 십사 년(칠 년의 풍년과 칠 년의 흉년)을 위해 그 자신도 모르게 그를 준비시키셨다.

느리고, 때로는 고통스러운 해체에는 놀라운 재건이 포함되어 있다.

요셉은 이제 하나님이 계획하신 **때**와 하나님이 의도하신 **장소**에 있다. 그에게 중요한 것은 그의 인생에 놓인 하나님의 손길이다. 요셉이 형들에게 자신을 밝힐 때 한 말을 기억하라. "나는 당신들의 아우 요셉이니 당신들이 애굽에 판 자라 … 하나님이 생명을 구원하시려고 나를 당신들보다 먼저 보내셨나이다 … 하나님이 … 당신들의 후손을 세상에 두시려고 나를 당신들보다 먼저 보내셨나니 그런즉 나를 이리로 보낸 이는 당신들이 아니요 하나님이시라"(창 45:4-8).

무엇보다 중요한 것은, 요셉이 해체와 재건의 세월을 통과하는 동안 하나님이 그를 때와 장소에 맞는 **그 사람**으로 빚으셨다는 것이다. 하나님은 그분의 위대한 일을 위해 그를 준비시키고 계셨다. 많은 생명을 "보존"하고 "구원"하기 위해서뿐 아니라(창 45:5, 7; 50:20) 가족 안에 화해를 낳기 위해서였다. 이제 요셉은 지혜와 인내와 배려와 하나님 중심성을 갖추었다!

해체와 재건, 철거와 복원, 잡초를 뽑고 좋은 씨앗을 심는 것. 죽음과 부활의 메아리는 그리스도께서 사역을 완수하신 이후(예를 들어, 바울 안에서)뿐 아니라 이전(요셉과 같은 사람들 안에서)에도 들리는 것 같다. 당연하다! 오늘날 우리가 이미 오신 그리스도와 연합되어 그의 죽으심과 부활의 수고를 공유하듯이, 구약의 신자들 역시 믿음으로 약속된 그리스도와 연합되어 있었다.

이렇듯 그리스도 안에 계시된 최종 청사진이 모든 시대, 주님의 모든 백성에게서 표현된 것과 마찬가지로 이미 요셉에게서 표현되었다. 우리는 성경에서, 그리고 교회 역사 속에서 이 청사진을 반복적으로 보다가, 그것이 우리 삶을 빚고 만들어 가시는 데 다시 한번 사용되는 것을 보게 된다.

하나님은 악의가 없으시다. 그러나 하나님은 자신의 목적을 진지하게 여기신다. 그래서 복음에 합당하게 되려는 우리의 열망도 진지하게 여기신다. 우리 안에 사람의 모습으로 하나님의 형상을 표현하신, 값을 매길 수 없을 만큼 진귀한 하나님의 예술품이 도난당했다. 하지만 하나님의 아들이 강도에게서 그 예술품을 되찾아오셨다. 이제 하나님은 수고로운 복원 작업을 시작하신다. 오염물을 제거하고 캔버스 작업을 하고 총천연색으로 본래의 형상을 회복하신다. 하나님은 천사들에게 솜씨를 드러내시고 자기 백성을 가리켜 이렇게 말씀하신다. "나의 작품을 보라!"(엡 3:10 참고)

만약 그림들이 감각하고 말할 수 있다면, 그것들은 예술품 복원 과정이 정말 아프고 따가웠다고 말할지 모른다! 하지만 완성된 작품을 바라보는 사람들의 얼굴에 피어난 감탄을 보는 것은 그 모든 고통은 감내할 가치가 있다.

그리스도인도 마찬가지다.

하나님은 어떻게 이런 복원 작업에 참여하실까? 어떻게 오염물을 제거하고 덧칠된 물감층을 긁어내고 손상된 캔버스를 복구하실까? 어떻게 원작을 회복해 그 가치를 높이실까? 기본적으로 두 가지 방법을 통해서다. 하나는 그분의 섭리의 손을 통해서이고, 다른 하나는 그분의 입에서 나오는 말씀을 통해서다.

섭리의 손

하나님은 우리가 그 아들의 형상을 본받게 하려고 마찰을 일으키신다. 성경은 여러 곳에서 이를 보여 준다. 우리에게 첫 번째 중요한 원리를 제공하는 것이 로마서 5장 3-4절이다. "우리가 환난 중에도 즐거워하나니 이는 환난은 인내를, 인내는 연단을, 연단은 소망을 이루는 줄 앎이로다."

바울은 우리가 의롭다 하심을 얻었음을 아는 일이 어떻게 하나님의 영광에 대한 소망과 확신 중에 즐거워하는 것으로 이어지는지를 설명하는 중이었다. 그리스도께서는 "우리가 범죄한 것 때문에 내줌이 되고 또한 우리를 의롭다 하시기 위하여 살아나셨"다(롬 4:25).

우리 죄를 담당하신 주 예수님은 그분의 부활하심으로 하나님이 보시기에 "의롭다"고 선포되었다. 우리가 그리스도와 연합할 때 하나님은 우리도 그분이 보시기에 의롭다고 선포하신다. 우리가 받은 칭의는 사실상 우리를 위한 그리스도의 칭의이기에, 우리는 영광의 소망 중에 즐거워할 수 있다.

바울은 로마서에서 몇 장을 할애해 우리가 우리 자신의 의로는 의롭다 하심을 얻을 수 없음을 보여 준다. 마찬가지로 빌립보서에서도 바울은 오직 우리가 율법을 지킴으로써 의를 얻으려는 노력을 버리고 그리스도를 믿을 때만 하나님께로부터 난 의를 누릴 수 있다고 말한다(빌 3:9). 그 의가 그리스도 안에서 우리의 것이 되었기에, 우리는 그 의가 그분의 부활만큼이나 불가역적이고 완벽하고 온전하다는 사실을 안다.

생각해 보라. 당신은 그리스도를 믿었던 순간보다 더 의로워질 수 없다! 가장 위대한 성인도 갓 태어난 신자보다 더 의롭게 여겨질 수 없다! 그 칭의는 확실하다. 완벽하다. 불가역적이다. 그러므로 최종적이다. 반드시 보장된다!

그렇다면 우리가 우리의 확신 안에서 하나님의 영광을 즐거워하고 자랑하고 환희한대도 놀랄 것이 없다(롬 5:2). 하지만 바울은 그 이상이 있다고 말한다. 영광을 바라며 즐거워하는 것 이상이라고? 그보다 더 놀라운 것이 있을 수 있을까?

다음과 같이 생각해 보자. 당신이 이런 확신 때문에 즐거워하는 건 **이해할 만한** 일이다. 하지만 당신이 **고난 중에** 즐거워한다면 그건 놀라운 일이다. 이것이 바로 바울이 말하고자 하는 바다.

바울은 피학증 환자가 아니었다. 고통을 비뚤어지게 즐기지 않았다. 주목하라. 바울의 즐거움을 야기한 것은 고통이 아니라 고통의 **생산성**이다. "환난이 인내를 **낳는다**"(롬 5:3, 쉬운성경). 그리고 인내는 "연단된 인품(즉, 시험을 통과한, 입증된 성품)을 **낳는다**"(롬 5:4, 쉬운성경). 이것이 다시 우리를 하나님의 영광에 대한 소망과 확신으로 인도한다. 그런데 이번에는 우리가 소망하는 그 영광이 **우리를 위할** 뿐만 아니라 **우리 안에** 계실 것이다.

"인내"는 헬라어 '휘포모네'(hypomonē)를 번역한 것이다. 기본 개념은 '무엇 아래에 남아 있을 수 있다, 서 있을 수 있다'다.

올림픽 역도 선수를 생각해 보라. 그의 온몸이 바벨의 엄청난 무게 아래서 떨고 있다. 그 무게 아래서 버틸 수 있는 것은 아침 식사로 특별한 시리얼을 먹기 때문이 아니다. 오직 그들이 체육관에서 수많은 시간을 보냈기 때문이다. 그들의 힘은 압력을 통해 향상된다. 우리도 마찬가지다. 힘, 인내, 끈기, 지속력과 같은

'시험을 통해 증명되는 성품'은 압력을 통해서만 계발된다.

"연단된 인품"이라고 번역된 바울의 단어 '도키메'(dokimē)는 '시험을 통해 인정된 자질'을 의미한다. 그것은 우리 삶에 성품, 본질, 힘, 신뢰, 신임, 의존할 만함을 가져다준다. 연단된 인품은 맨땅에서 솟아나지 않는다. 하나님이 시련을 통해(심지어는 환난을 통해) 우리 인생을 다듬으신 결과다.

어렸을 때 어머니는 내가 어머니를 도와 집 안의 놋쇠로 된 모든 물건(촛대부터 문패, 손잡이에 이르기까지)을 닦고 빛내게 하셨다. 어머니가 물건 표면에 광택제를 바르고 마를 때까지 내버려 두시면 우리가 돌아와서 부드러운 천으로 신나게 문질렀다. 어머니가 성공 여부를 시험해 보는 방법은 함께 문손잡이까지 자세를 낮추어 우리 얼굴이 거기에 비치는지를 보는 것이었다.

그 기억은 내게 하나님이 우리 삶에서 압박과 마찰을 어떻게 사용하시는지를 잘 설명해 주는 추억으로 남아 있다. 하나님은 그분의 형상이 우리에게서 비칠 때까지 우리의 은혜를 '빛내고 계신다.' 그것이 바로 하나님이 섭리 가운데 일하시는 손으로 우리를 복음에 합당하게 빚으시는 방법이다. 고난과 영광의 관계는 시간순일 뿐 아니라(지금은 고난, 나중은 영광) 인과적이기도 하다. "우리가 그[그리스도]와 함께 영광을 받기 위하여 고난도 함께 받아야 할 것이니라"(롬 8:17). "우리가 잠시 받는 환난의 경한 것이 지극히 크고 영원한 영광의 중한 것을 우리에게 이루게 함이니"(고후 4:17).

하나님의 입의 말씀

하나님은 섭리의 손을 사용하셔서 우리 삶에 영광의 빛줄기를 비추기도 하시지만, 또 한편으로는 성경을 통해 우리에게 말씀하셔서 우리를 변화시키기도 하신다. 그것은 결국 "하나님의 입으로부터 나오는 모든 말씀"(마 4:4; 신 8:3)이다. 우리 신앙의 선조들이 이해했던 것처럼, 어쩌면 그들이 지금의 우리보다 더 잘 알고 있을 것 같은데, 하나님은 특히 성령님의 은혜와 능력 안에서 우리에게 주해되고 적용되는 말씀 선포를 통해 이 일을 하신다.[5]

바울은 데살로니가 교인들이 "우리에게 들은 바 하나님의 말씀을 받을 때에 사람의 말로 받지 아니하고 하나님의 말씀으로 받음"을(살전 2:13) 감사하면서 설교에 대해 언급한다. 그러고는 이 말씀이 "너희 믿는 자 가운데에서 **역사**"한다고 덧붙인다.

이 단순한 말씀이 설교 신학의 전부를 담고 있다. 그러므로 우리에게 설교하는 사람들이 이 말씀을 이해하는 것이 중요하다. 그리고 우리 신자들이 이 말씀이 설명하는 것, 즉 하나님의 말씀이 우리 삶에서 역사하심을 경험하는 것이 중요하다.

때로 그리스도인은 설교를 다음과 같이 생각한다.

- 설교는 무엇보다도 하나님이 우리를 위해 하신 일을 말해 준다.
- 설교는 또한 우리가 그 반응으로 해야 할 일을 말해 준다.

이것은 우리가 앞서 복음의 문법에 관해 말한 바(직설법이 명령법의 토대를 형성한다)와 일치해 보이기까지 한다.

지금까지는 좋다. 하나님이 우리를 위해 하신 일을 가르침과 하나님께 대한 우리의 순종은 매우 중요하다. 하지만 이 둘을 동등하게 여기는 것은 바울의 논리의 연결고리를 무시하는 것이다. **선포된 하나님의 말씀은 우리에게 일하라고 말할 뿐만 아니라 그 자체로도 일한다.** 선포된 말씀은 우리에게 역사하고 우리 안에서 역사한다. 선포되는 동안만 아니라 그 이후에도 역사한다.

언어철학자들은 어떤 진술은 **기술적**("태양이 빛난다")인 반면 어떤 진술은 **수행적**(그 진술이 사실상 말하는 바를 수행한다)이라는 사실을 흥미로워한다. 복음 사역자들은 이런 진술을 자주 사용한다. "두 사람을 부부로 선포합니다" 같은 말은 상황을 묘사할 뿐 아니라 일종의 행위를 수행하고, 사실상 뭔가를 이루어 낸다(이 경우에는 '결혼'이다).

하나님의 말씀을 설교하는 것도 마찬가지다. 설교는 하나님이 그리스도 안에서 우리를 위해 하신 일과 우리가 그 반응으로 해야 할 일을 말해 주는 것만이 아니다. 설교는 우리에게 영향을 미친다. 설교는 우리 안에서 역사한다.

바울은 디모데후서 3장 16절-4장 5절에서 이것을 자세히 기술한다. 3장 16절에서 바울은 디모데에게 하나님의 말씀이 유익하다고 말한다. 하나님의 말씀은,

- 교훈하기에 유익하다. 그래서 마음을 새롭게 함으로 변화를 받으라고 말한다(롬 12:1-2).
- 책망하기(양심에 닿아 죄를 깨닫게 하기)에 유익하다.
- 바르게 하기(에파노르도시스[epanorthōsis], 세속 헬라어에서는, 예를 들어 부러진 뼈를 붙일 때와 같은 의료 상황에서 사용되는 단어다. 달리 말해 망가지고 일그러진 감정과 인격을 치유하기)에 유익하다.
- 의로 교육하기(파이데이아[paideia], 자녀를 양육하기)에 유익하다.

하나님의 말씀은 **그 자체로** "살아 있고 활력이 있"다(히 4:12). 디모데후서의 장 구분 때문에 간과하기 쉬운 것이 있는데, 바울은 3장에서 디모데에게 성경이 유익한 이유가 이러이러하다고 말하고는 성경을 설교할 때 "범사에 오래 참음과 가르침으로 경책하며 경계하며 권하"(딤후 4:2)는 방식이어야 한다고 이어 간다. 이 단어들은 바울이 언급했던 네 가지 유익을 사실상 반복한다. 디모데는 **말씀이 본래 의도된 사역을 성취하도록** 설교해야 한다!

이것이 바로 하나님이 우리가 그리스도의 복음에 합당하게 생활하도록 능력을 주시는 하나의 방법이기 때문에, 설교하는 자와 청중 모두에게 중요한 함의가 있다. 다음 두 가지다.

첫째, 목사와 교사는 네 가지 유익의 방면에서 하나님의 말씀을 설교하고 주해할 책임이 있다는 것을 기억해야 한다. 왜냐하면 하나님이 설교를 통해서 청중에게 (개별적으로, 은밀하게, 심오하게) 일하시기 때문이다. 이렇듯 모든 성경 주해는 넓은 개념에서 상담이다. 그 과정에서 성령님이 우리에게 복음의 경이로움과 능력을 보이시고 우리 마음의 은밀한 것을 밝히신다.

설교는 단순히 정보가 입으로 나오는 말에 의해 전달되는 것이 아니다. 성경 구절을 주해하는 것은 구어 형식으로 대중적인 수준의 해설을 하기 위함이 아니라, 말씀하시는 하나님과의 만남을 위한 것이다. 그러므로 목사는 자신이 설교하는 동안 그 설교의 청중이 되어야 한다. 목사를 통해 말씀을 선포하는 분은 결국 그리스도이시기 때문이다. 그렇다면 "사람은 오직 자기 영혼에게 선포하는 설교문만 다른 사람들에게도 잘 선포한다. … 말씀이 우리 **안에** 능력 있게 거하지 않는다면, 우리**에게서** 능력 있게 나가지도 않는다"[6]라는 말에 놀랄 것도 없다.

둘째, 이것은 우리의 삶을 하나님 말씀의 생생한 영향력 아래 두는 것이 왜 그렇게 중요한지를 설명한다. 하나님이 설교의 영향력을 통해 우리 안에 생산해 내시려는 것을 우리 힘으로는 생산할 수 없다. 그런 시도를 한다면, 우리는 영양 부족 상태에 너무 익숙해져서 더 이상 우리가 처한 상태를 깨닫지 못하게 될 가능성이 높다. 우리가 듣는 설교가 성경적이지 않다면 분명 그럴 것이다. 하나님의 섭리로 성경적인 설교를 만나게 될 때까지 우리는 잘 지내고 있는 줄로 착각한다. 우리가 히브리서의 경고를 놓치지 않고 감각을 잃어버리지 않는 한, 우리는 그 차이를 분별

할 수 있다.[7]

성령님의 은혜와 능력 안에서 풀이되는 하나님의 말씀을 듣는 것은 자기 양을 부르시는 선한 목자의 음성을 듣는 것이다. 하나님은 우리의 생각을 조명해 새롭게 하겠다고 약속하셨다. 우리 죄를 드러내어 우리가 자신의 죄를 보고 느끼고 고백하게 하고 죄에 대한 용서를 경험하게 하겠다고 약속하셨다. 그리스도께서 우리의 상처를 치유하시고 우리에게 하나님의 영광을 위해 살 힘을 주시는 것은 설교를 통해서다. 요약하자면, 하나님의 말씀 자체가 우리가 복음에 합당한 삶을 살도록 돕고 우리 안에 그리스도의 닮은 꼴을 창조할 것이다. 설교는 하나님의 도구이기 때문이다. 설교에 힘입어 "우리가 다 수건을 벗은 얼굴로 거울을 보는 것 같이 주의 영광을 보매 그와 같은 형상으로 변화하여 영광에서 영광에 이르니 곧 주의 영으로 말미암음이니라"(고후 3:18). 그래서 성령님은 성경 주해를 통해 이 일 하기를 좋아하신다.

이것을 경험해 보지 못한 사람이 이를 이해할 수 있을지 모르겠다. 하지만 일단 경험되면, 변화가 일어난다. 그 변화는 어떠할까? 자, 이제 그 질문으로 넘어가자.

chapter 4

복음에 합당한 마음가짐

'그리스도의 복음에 합당하다'가 '하나님의 형상으로 회복되어 주 예수님의 성품을 반영하기 시작하다'를 뜻한다고 말하는 것은 매우 좋다. 그런데 이것이 무슨 뜻일까?

신약성경은 우리가 이 의미를 자의적으로 지어내게끔 내버려 두지 않는다. "이것에 대해 내가 생각하는 바는…"이라고 말하는 것을 허락하지 않는다. 실제로 바울은 빌립보의 벗들에게 "복음에 합당하게 생활하라"고 강권하고는 몇 구절 후에 그것이 "너희 안에 이 마음을 품으라 곧 그리스도 예수의 마음이니"(빌 2:5)라는 뜻이라고 설명한다.

복음에 합당하다는 것은 "그리스도 예수의 마음(mind, 혹은 마음가짐

[mindset])"을 공유하는 것이 포함된다. 빌립보서 2장 5-11절에서 바울은 그 마음가짐에 대한 설명을 계속해 나간다. 사실 이 구절들은 그리스도의 **행위들**을 묘사한다. 그런데 그런 행위들은 그리스도의 **마음가짐**의 외적 표현이다. 그래서 그 마음가짐을 공유하는 것이 그리스도의 복음에 합당한 삶의 근본이 된다. 바울이 성숙한("온전히 이룬") 자들은 그가 생각하는 것처럼 생각할 거라고 후술하는 것을 보면(빌 3:15), 그도 같은 목표를 갖고 있다.

그렇다면 그리스도의 마음을 갖는다는 것은 무슨 뜻일까?

겸손의 본

나는 빌립보서 2장 1-11절만 생각하면 늘 대학에 갓 입학했던 첫 몇 주간의 어느 저녁이 떠오른다. 나는 기독학생회(Inter-Varsity) 모임에 참석해서 탁월한 성공회 사제인 존 R. W. 스토트(John R. W. Stott)가 이 구절을 주해하는 것을 경청하고 있었다.

그는 차분히 "그리스도인의 연합의 비밀이 무엇입니까?"라는 질문으로 시작했다. 그러고는 (놀랍게도!) 잠시 멈추더니 학생 중에서 대답이 나오기를 기다렸다. 열일곱 살의 나는 지혜가 엄청나지는 않지만, 그래도 '난 대답하지 않을 거야. 틀리고 말걸!'이라고 생각할 만큼은 지혜로웠다. 실제로 첫 번째로 대답한 학생이 틀리자 존 스토트는 우리를 고통에서 벗어나게 해 주었다. 그가

"그리스도인의 연합의 비밀은 …"이라고 말하자 우리는 기대감에 차서 기다렸다. 난 아직도 럭비(럭비[Rugby]시의 유명한 공립학교-역자 주)와 케임브리지에서 교육받은 그가 세련된 악센트로 이 단어를 발음하던 것이 귓가에 생생하다. "겸손입니다."

수십 년이 흘러 그의 설교를 마지막으로 들었을 때 나는 그가 했던 말을 기억났다. 그는 당시에 일과성 허혈 발작(TIA)을 겪고 있었는데, 한참 주해하다가 어디까지 했는지를 놓치고 말았다. 그는 회중 앞에서 조용히, 어떤 의미에서 무력하게 서 있었다. 그때까지 나는 그가 평범한 목사들이 으레 그러듯이 단어 하나라도 놓치는 것을 본 적이 없었다. 그랬던 존 스토트가 기품 있게, 마치 영원 같았던 그 잠시 동안 말없이 서 있었을 때, 내 기억은 열일곱 살 때 그가 발음했던 "겸손입니다"를 들었던 그 방으로 옮겨졌다. 나는 생각했다. '이제 당신은 예전에 우리에게 가르쳤던 그리스도의 겸손을 몸소 보여 주고 계시는군요.'

나는 후에 그와 친구가 되었고 그를 알게 되었다. 그래서 그가 자기 설교의 본보기가 된 것이 얼마나 감동적인지를 깨달았다.

어쩌면 당신도 이와 같은 인상을 남긴 그리스도인들을 아는 특권을 누려 왔는지 모르겠다. 바울에 의하면 우리는 그들을 보고 그들을 닮아 가야 한다. "형제들아 너희는 함께 나를 본받으라 그리고 너희가 우리를 본받은 것처럼 그와 같이 행하는 자들을 눈여겨 보라"(빌 3:17).

그런데 이런 모범에서 우리가 보는 것은 무엇인가? 그리스도를 닮음이 아닌가? 그것의 본질은 구주의 마음가짐, 즉 '겸손'이다.

닮아 감은 복제가 아니다

지금이 경고의 말을 하기에 적당한 타이밍인 것 같다. 다른 이를 닮아 가라는 성경적 원리는 '복제'(cloning)의 문제가 아니다. 성경적인 닮아 감은 패턴과 원리를 인식하고 그것을 우리의 행동방식에 장착하는 것이다. 하지만 우리가 복제품이 되려 한다면, 그 과정에서 우리를 잃게 된다. 우리는 결코 우리가 복제하는 그 사람이 될 수 없고, 그렇게 되면 더 이상 진정한 우리 자신도 아니게 된다. 그리고 분별 있는 눈은 우리를 꿰뚫어 본다. 진정한 닮아 감은 기계적이지 않고 유기적이다. 외적이지 않고 내적이다.

이런 경고는 특히 젊은 목사들에게 해당할 것이다. 위험(어쩌면 유혹)이 목사들에게 너무나 확실하다. 그들의 공적 역할 때문이다. 보통 사람들은 대체로 수십 명에서 수천 명의 사람들에게 매주 관찰당하지는 않는다!

나는 어느 미국인 설교자가 역시 목사인 아버지가 그에게 했던 통찰력 있는 조언을 전해 주는 걸 들었다. "많은 목사가 사역의 첫 5년을 다른 사람이 되려고 애쓰면서 보낸다. 다음 5년은 자기가 진정 누구인지를 발견하려고 애쓰면서 보낸다. 그리고 남은

평생은 주님이 바라시는 설교자가 되기 위해 보낸다."

이것이 진실인 경우가 많다. 어떤 때는 정말 너무나 명백히 진실이다. 그러므로 경고한다. '성경적인 **닮아 감**은 단순히 **외적인 복제**가 아니다.' 그것은 버릇이나 억양이나 말씨나 특유의 표현법을 따라 하는 문제가 아니다. 그런 것들이 설교자의 풍성함의 원천이라고 생각한다면 얼마나 이상하고 피상적인가. 물론 단지 순진해서인 경우도 있다. 그러나 때로는 유용함을 보이기 위해, 심지어는 슬프게도 깊은 인상을 주거나 영향력을 발휘하기 위해 지름길로 나아가려는 시도처럼 보이기도 한다. 동기가 항상 좋은 것은 아니다. 그리스도 안에서 뿌리, 줄기, 가지를 양육하려는 마음 없이, 마술사 시몬(행 8:9-13)처럼 그저 남이 보여 주는 열매를 욕망할 수도 있다.

사람이 자기 아닌 것을 복제하려 할 때, 그는 하나님이 의도하신 그 사람이 되기를 멈춘다. 게다가 복제가 그가 훈련받는 기관의 (틀림없이 암암리의) 목표라면 상황은 더 안 좋다. 그렇게 되면 지속적인 풍성함을 낳는 은혜를 회복하는 데 어떤 위기나 전문 분석가가 필요하게 된다.

어쩌면 이미 당신은 남이 가진 것을 가지려고 자신을 잃어버린 누군가를 목격했을 수도, 또는 이런 일을 겪었을 수도 있다. 설교의 경우, 당신은 설교자가 누구를 모방해 설교하려 했는지 눈치채거나, 설교자에게 진정성이 부족하다는 것은 적나라하게 느끼기도 한다. 그런 설교는 영적 양육이 아닌 일종의 가식이자 우리 앞에서 펼치는 연기다. 여기서 빠진 것은 겸손과 사랑에서 비롯된, 발을 씻기는 마음가짐이다. 진심으로 당신 앞에서 무릎 꿇는 사람의 설교와 당신 위에 군림하는 사람의 설교 사이에는 차이가 있다. 슬프게도 그 차이가 항상 드러나는 것은 아니다. 하지만 어떤 사람은 당신을 이용하는(심지어 학대하는) 한편, 어떤 사람은 당신을 섬긴다.

우리가 존경하는 설교자들의 어떤 특성은, 틀림없이 우리에게 '들러붙는다.' 만약 그렇다면 우리 스스로 먼지를 털어 내야 한다. 그렇지 않으면 우리는 가짜 설교자는 되지 않더라도 설교자로서 가짜가 될 수 있다. 그렇게 된다면 우리 사역이 그리스도의 복음에 합당하게 되기 위해 우리는 한층 더 해체되어야 할 것이다. 우리는 자신의 것이 아닌 설교로 사람들에게 감동을 주려고 표절하지는 않았을지 모른다. 하지만 타인의 명성과 사역적 영향력을 소유하려는 야망을 성취하려고 타인의 성품과 인격을 표절했는지 모른다.

무엇을 놓쳤을까? 겸손이다. 우리는 하나님이 우리에게 주시지 않은 것을 원했고, 하나님이 우리에게 의도하시지 않은 사람이 되어 그것을 얻으려 했다. 우리는 하나님과 동등됨을 취하려고 하지는 않았을지 몰라도, 누군가와는 동등됨을 취하려고 했다. 그것은 예수님 닮은 모습이 아니다. 아니나 다를까, 그 놓친

것은 바울이 데살로니가 교인들의 마음 문으로 들어간 열쇠다. **"우리가 이같이 너희를 사모하여 하나님의 복음뿐 아니라 우리의 목숨까지도 너희에게 주기를 기뻐함**은 너희가 우리의 사랑하는 자 됨이라"(살전 2:8).

우리가 다른 누군가의 복제품이 되어 자신을 잃어버렸다면, 그것이 우리가 사랑하는 주 예수님이 "자기를 비워 종의 형체를 가지"신(빌 2:7) 것처럼 하나님의 백성을 사랑하기 때문은 아닌 듯하다. 그러므로 복음의 선포자로서 복음에 합당하게 되는 것은 고린도후서 4장 5절에서 바울이 한 말, "우리는 우리를 전파하는 것이 아니라 오직 그리스도 예수의 주 되신 것과 또 **예수를 위하여 우리가 너희의 종 된 것**을 전파함이라"를 반향하는(제대로 닮아 가는) 능력을 요구한다. 바울은 그리스도를 "주"라고 선포했다. 하지만 그의 설교에 진정성을 부여한 것은 그가 다락방의 예수님처럼 된 점이었다. 바울은 설교할 때 설교를 듣는 자들 앞에서 내적으로 무릎을 꿇었다. 바울은 그들이 동경하는 은사를 지닌 자가 되려 하기는커녕 자신을 그들의 종으로 여겼고, 그들이 자신의 섬김을 받기를 원했다.

그리스도를 닮아 감에 관하여

그래서 겸손은 복음에 합당한 삶의 표지다. 겸손이야말로 그리스도를 진정으로 닮아 가는 것이기 때문이다. 물론 우리는 하나님의 본체도 아니고, 말 그대로 십자가에서 죽음을 맞지도 않았다. 하지만 우리는 "너희 안에 이 마음을 품으라 곧 그리스도 예수의 마음이니"(빌 2:5)라는 부르심을 받았다. 뒤이은 구절에서 그 의미를 엿볼 수 있다.

"그는 근본 하나님의 본체시나
하나님과 동등됨을
취할 것으로 여기지 아니하시고

오히려 자기를 비워
종의 형체를 가지사
사람들과 같이 되셨고

사람의 모양으로 나타나사
자기를 낮추시고
죽기까지 복종하셨으니
곧 십자가에 죽으심이라"(빌 2:6-8).

이것은 자연스럽게 "하나님이 그를 지극히 높"이신 이유를 설명한다(빌 2:9). 하나님은 높임받을 만한 자들을 진실로 높이시는

데, 이는 그들의 마음가짐이 겸손의 하나이기 때문이다.

이 겸손한 마음가짐이 외적으로 표현되는 방식 중 하나가 나를 내려놓는 것(self-forgetfulness)이다. 애나 레티시아 워링(Anna Laetitia Waring)은 이렇게 묘사했다.

자신으로부터 느긋한 마음을,
위로하고 공감할 수 있도록.[1]

바울이 빌립보서 2장에서 젊은 동료 디모데에 대해 감동적으로 묘사해 이를 거의 즉각적으로 설명한 것은 주목할 만하다. "뜻을 같이하여 너희 사정을 진실히 생각할 자가 이밖에 내게 없"다(빌 2:20). 반면 다른 이들은 "다 자기 일을 구하고 그리스도 예수의 일을 구하지" 않는다(빌 2:21). 바울은 계속 말을 이어 간다. "디모데의 **연단**을 너희가 아나니 자식이 아버지에게 함같이 **나와 함께 복음을 위하여 수고하였**다(빌 2:22). 디모데는 그리스도의 마음가짐을 공유했기에 복음에 합당한 삶의 모범이었다. 그리고 그리스도의 마음가짐을 공유했기에 그는 그리스도를 닮아 가기 시작했다.

만약 "복음에 합당하게"가 그리스도를 더욱 닮는 것을 의미한다면, 우리는 더 깊은 질문을 던져야 한다. 우리가 자주 묵상해야 할 질문은 바로 **주 예수님은 실제로 어떤 분인가**다.

그리스도를 닮아 감의 참된 의미

저 질문에 어떻게 대답할 수 있을까? 좋은 출발점은 히브리서 13장 8절 "예수 그리스도는 어제나 오늘이나 영원토록 동일하시니라"를 기억하는 것이다.

이 말은 단순히 '그리스도는 영원하시다'를 길게 늘어뜨린 표현이 아니다. "영원토록"은 영원무궁하다는 뜻이다. 그런데 "어제"는 '오늘의 하루 전날'이라는 뜻이 아니다. 앞서 히브리서에서 사용된 문구인 "육체에 계실 때에"(히 5:7)와 같은 뜻이다. 우리 주님의 이 땅에서의 삶을 가리킨다. 그리고 "오늘"은 '어제의 다음 날'이라는 뜻이 아니다. 앞서 이야기된 바와 같이(히 3:6-13) 그리스도의 초림과 재림 사이의 모든 시간을 가리킨다.

요점은 이렇다. 예수 그리스도는 지금 지극히 높여지셔서 성부 하나님의 오른편에 계시다. 더 이상 수치와 굴욕을 당하지 않으시고 영화롭게 되셨다. **그러나 그분 자신은 변하지 않으셨다.** 그분은 여전히 우리가 복음서에서 읽는 그 예수님이다. 오늘도 여전히 그때의 그분이다. 그래서 우리가 그분의 복음에 합당하다는 의미는 우리가 복음서에서 읽은 바로 그 예수님과 닮았다는 뜻이다. 우리가 복음에 합당하게 되는 방법은 의식적으로나 무의식적으로나 그분을 닮아 감으로써다. 자신에 대한 평가에서는 **낮아지고** 겸손에서는 **자라나는** 것이다.

장 칼뱅이 차용해서 발전시킨 아우구스티누스의 말을 당신도 잘 알고 있을 것이다.

어느 수사학자가 웅변에서 최고의 원칙이 무엇이냐는 질문을 받았다. 그는 "전달"이라고 대답했다. 두 번째 원칙이 무엇이냐는 질문에 "전달"이라고 대답했다. 세 번째 원칙이 무엇이냐는 질문에 "전달"이라고 대답했다. 만약 내게 기독교 개념 중에서는 무엇이 최고이냐고 묻는다면, 나는 첫째도, 둘째도, 셋째도 언제나 "겸손"이라고 답하겠다.[3]

예수님의 겸손한 마음가짐이 복음서에 기록된 행위들에서 어떻게 드러났는지를 생각해 보라. 예수님은 작디작은 인간 아기의 모습으로 오셔서 기꺼이 우리 중 하나같이 되셨다. 인생의 모든 시련과 괴로움과 실망을 공유하셨다. 제자들의 더러운 발을 씻으셨다. 갈보리 십자가에서 우리의 수치를 짊어지셨다.

예수님에 대해 어떻게 기록되었는지도 생각해 보라.

"그는 다투지도 아니하며 들레지도 아니하리니
아무도 길에서 그 소리를 듣지 못하리라
상한 갈대를 꺾지 아니하며
꺼져가는 심지를 끄지 아니하기를 심판하여 이길 때까지 하리니"(마 12:19-20; 사 42:2-3 인용).

아니면 예수님이 자신에 대해 뭐라고 말씀하셨는지를 생각해 보라.

"수고하고 무거운 짐 진 자들아 다 내게로 오라 내가 너희를 쉬게 하리라 나는 마음이 온유하고 겸손하니 나의 멍에를 메고 내게 배우라 그리하면 너희 마음이 쉼을 얻으리니 이는 내 멍에는 쉽고 내 짐은 가벼움이라"(마 11:28-30).

온통 겸손이다. 겸손이 사람들을 주 예수님께 이끌었다. 사람들이 예수님께 가서 마음을 열고 자신의 필요를 말해도 괜찮다는 것을 본능적으로 알았던 이유는 바로 그분의 겸손 때문이었다. 사람들이 자신과 인생의 은밀한 비밀과 슬픔과 실망을 그분께 맡겼던 이유가 바로 그분의 겸손 때문이다. 겸손한 마음을 갖지 못한 사람에게는 그렇게 하지 않는다. 당신을 위해서나 그 자체로나 오직 겸손한 마음만이 충분히 크다.

바울이 자신에게 마음을 닫은 고린도 교인들에게 어떻게 자기 마음을 열었는지를 기억하는가? 바울은 "그리스도의 온유와 관용으로"(고후 10:1) 그들에게 호소했다. 바울이 몇 개의 복음서를 알았는지 우리는 모른다(나는 생각보다 많을 거라고 생각한다). 그러나 그는 틀림없이 마태복음 11장 28-30절에 기록된 예수님의 위로의 말[3]에 대해 잘 알고 있었을 것이다.

이것이 예수님의 모습이다. 그러므로 이것이 바로 당신이 닮아 가라고 부르심을 받은 모습이다. 예수님이 바로 복음이다. "복음에 합당한" 삶이란, 복음에 상응하는 삶이란, 그분을 반영하는 삶이다. 이것은 그리스도인의 삶에서 부차적이지 않다. 삶의 목표이고, 어떤 의미에서는, 삶의 전부다. 마지막 날에 이르기까지 당신의 삶과 성품에서 그리스도를 닮은 것만이 영원토록 지속될 것이다.

대체로 그리스도인은 로마서 8장 28절의 장엄하고 확신에 찬 바울의 말을 잘 안다. "우리가 알거니와 하나님을 사랑하는 자 곧 그의 뜻대로 부르심을 입은 자들에게는 모든 것이 합력하여 선을 이루느니라." 그런데 바울은 이 구절에서 자신의 생각을 끝맺지 않는다. 그의 끝맺음은 여기서다. "하나님이 미리 아신 자들을 또한 그 아들의 형상을 본받게 하기 위하여 미리 정하셨으니 이는 그로 많은 형제 중에서 맏아들이 되게 하려 하심이니라"(롬 8:29).

우리가 예수 그리스도를 닮아 변화되는 것이 창세전부터 우리를 향하신 하나님의 목적이었다. 이것이 우리를 향한 그분 목적의 중심을 차지한다. 그리고 하나님은 이를 성취하시기까지 결코 멈추지 않으실 것이다. 그 아들의 형상을 본받게 하기 위하여 어떤 것도 아끼지 않으실 것이다. 그러실 줄을 우리가 아는 이유는, 이를 위해 하나님이 "자기 아들을 아끼지 아니하시고 우리 모든 사람을 위하여 내주"(롬 8:32)셨기 때문이다.

자, "복음에 합당하게 생활하라"는 바울의 권고에 우리는 어떻게 반응해야 할까?

무엇보다도, 기도로써다. "주님, 제가 더욱 예수님을 닮게 해 주십시오. 예수님의 형상에 일치되게 해 주십시오. 다음 글귀를 제 마음에 새겨 주십시오."

예수님의 아름다움이 제게서 보이게 하옵소서,
그분의 놀라운 열정과 순결 전부가요.
오 성령님, 제 모든 본성을 깨끗하게 하옵소서,
예수님의 아름다움이 제게서 보일 때까지요.[4]

chapter 5

복음에 합당한 삶

'그리스도의 복음에 합당하다'의 의미는 예수님을 더욱 닮아 간다는 뜻이다. 우리는 바울이 새로운 삶의 태도에 헌신하라고 강권하는 것을 살펴보았다. 이어서 바울은 이것이 그리스도의 마음가짐이 우리의 마음가짐이 되는 것을 의미한다고 말해 준다. 그렇게 겸손이 탄생한다.

그리스도께 속한 자들, "그리스도 안에" 있는 자들인 우리가 그리스도를 닮아 가는 일은 어떻게 해서 일어날까?

이미 우리는 이 일이 부분적으로는 그리스도를 모방함을 통해서 일어난다고 살펴보았다. 일종의 영적 삼투에 의해 우리가 본 바와 들은 바를 모방하기 시작하고, 점진적으로 그것은 우리 것이 된다.

복음에 합당한 삶의 향기

다른 곳에서 바울은 그리스도인이 향기를 지녔다고 말한다(고후 2:14-15). 비유적인 의미에서 우리 모두가 그렇다. 우리의 삶, 인격, 성향, 행동, 말, 모든 것이 종합적으로 우리 삶에 분위기를, 주변 공기에 향기를 만들어 낸다.

우리는 때로 사람을 '냄새'로 묘사한다. 어떤 사람을 '달콤하다'(sweet), 즉 '상냥하다'고 말한다. 누군가 엘리베이터에 탔다가 내릴 때 당신은 공기를 맡고 그가 흡연자임을 알게 된다. 누군가 곁을 지나갈 때 몇 초 후 당신은 그가 향수를 뿌린 것을 알게 된다. 이런 인상은 그가 몸담은 환경이 흡연이냐 요리냐 등에 따라 달라질 것이다. 수천 가지 자잘한 방식으로 우리는 우리가 진정 누구인지를 거듭 뿜어내고 표현한다. 감추려고 애쓸 수는 있어도, 결코 감출 수 없다.

스코틀랜드에서 보낸 초등학생 시절, 매일 아침 우유병이 든 상자가 교실로 배달되었다. 정부는 소위 '우유 시간'을 정했고, 우리는 정당하게 공부를 멈추고 종이 빨대로 할당된 우유를 마셨다. 수년 후에 나는 한 일본인이 모든 스코틀랜드인에게서는 우유 냄새가 난다고 언급한 것을 읽고는 재미있어했다! 나는 생각했다. '놀랄 일도 아니지. 우리가 어릴 적에 마신 양을 생각하면 말이야!' 하지만 우리 중 그걸 인지한 사람은 한 명도 없었.

그리스도인의 삶도 마찬가지가 아닌가? 우리 중 누구도 대화를 마치거나 방에서 나갈 때 자신이 무슨 향기를 뒤에 남기는지 정확히 모른다. 향수나 애프터셰이브 로션처럼, 다른 사람이 그 향기를 식별해서 이름을 붙일 수 있을 거라는 보장도 없는 것이 사실이다. 하지만 복음에 합당한 삶은 필연적으로 복음의 향기, 곧 주 예수님의 향기를 남긴다. 거기에는 그리스도 같은 겸손이 있기 때문이다. 이 같은 겸손은 그리스도를 닮았다는 것 외에 다른 방식으로는 설명이 불가능하다. 그러므로 복음과 일치하는 삶은 복음에 합당하다. 뒤에 그분의 임재의 향기를 남긴다.

이런 일은 어떻게 일어날까? 우리는 이미 바울이 복음에 합당하라고 권고할 때 그 의미와 방법도 설명한다는 사실을 살펴보았다. 그렇다면 바울이 어떻게 자신의 삶에서 이런 일이 일어났는지를 보여 주고 그 경험을 다른 사람을 위한 효과적인 본보기로 묘사한대도 그리 놀랄 일이 아니다.

다소 사람 사울이 복음에 합당한 삶을 발견하다

우리가 성경에서 로마 시민인 다소 사람 사울을 처음 만날 때, 그의 목표는 그가 합당하다고 생각한 삶의 태도였다. 어린 시절부터 그는 그에 걸맞도록 양육되었고, 점점 자라면서 비록 오도된 길이었지만 그런 태도를 의도적으로 함양해 나갔다.

빌립보 교회에 편지를 쓸 때, 바울(그때부터는 이 이름으로 알려졌다)은 유대 배경을 가진 거짓 교사 무리로 인해 걱정했다. 그들은 하나님의 선택된 백성 중에 속하고 싶은 사람이라면 누구나 하나님이 아브라함과 그 자손에게 주신 할례라는 옛 표지를 받아야 한다고 주장했다.[1] 사도는 벗들에게 이 거짓 가르침이 "육체를 신뢰하"는(빌 3:3) 것에 불과하다고 경고했다.

이제까지 바울은 회심 이전의 삶을 깊은 슬픔과 부끄러움으로 회고했지만, 이 경우에는 하나님의 섭리 안에서 이전 삶이 큰 도움이 된다는 사실도 깨달았다. 왜냐하면 저 복음의 대적자들과 같은 이력을 바울 역시 공유했기 때문이다. 바울은 그들이 어디서 틀렸고, 어떻게 그것을 고쳐야 하는지를 정확하게 알았다.

그뿐이 아니었다. 사람들이 혈통의 순수성과 종교 행위를 자랑하길 원한다면, 그들은 적수를 제대로 만난 것이었다. "만일 누구든지 다른 이가 육체를 신뢰할 것이 있는 줄로 생각하면 나는 더욱 그러하리니"(빌 3:4).

이것은 자랑이 아니었다. 그냥 사실이었다.

예전에 한 친구가 나와 다른 몇 명을 런던의 유명한 사교 클럽의 점심 식사에 초대했다. 벽에는 과거 위대한 인물들의 초상화가 가득했다. 그들을 둘러보며 나는 가벼운 마음으로 친구에게 말했다. "제 생각엔 당신이 이 사람들과 친척이 아닐까 싶은데요." 그는 미소 지으며 고갯짓으로 초상화 하나를 가리켰다. 그런데 거기에 18세기 대영제국의 수상 윌리엄 피트가 있지 않은가.

그의 아들(최연소로 수상이 되었다)은 윌리엄 윌버포스의 절친이었다. (글래스고 동부 끝에서 자란) 내가 대영제국 수상의 후손 옆에 서 있다니! 물론 그리스도 안에서 스코틀랜드인도 잉글랜드인도 없다는 것은 훌륭한 설명이다. 하지만 초대받은 손님 중 누구도 내 친구 앞에서 자신의 혈통을 자랑할 수 없었다!

혈통 면에서 아무도 바울을 능가할 수 없었다. 그런데 그 이상이었다. 행위 면에서도 누구도 그를 능가할 수 없었다. 바울은 유대인 중에서 가장 엄격한 바리새파에 헌신했다. 그런데 그것조차 하나님의 율법을 향해 품었던 그의 "열심"을 미처 입증하지 못한다면, 그는 거기에 "교회를 박해"한(빌 3:6) 이력을 덧붙였다.

이러했던 그가 이제는 무엇이든지 자신에게 유익하던 것을 주 그리스도 예수를 아는 지식과 비교하면서 "해" 곧 "배설물"(빌 3:7-8)로 여기게 되었다.

대체 무슨 일인가? 우리는 즉각 "다메섹 도상의 경험" 때문이라고 답할지 모른다. 하지만 이야기는 그보다 더 복잡하다. 이것이 탐구할 가치가 있는 이유는, 바울이 그리스도의 복음에 합당하게 생활하라고 말할 때 무엇을 염두에 둔 것인지 그 실마리를 제공해 주기 때문이다.

우리는 다소 사람 사울의 이야기가 시작되는 지점으로 돌아가야 한다.

영적으로 그는 어디에 있었을까?

사울은 유대인 중 "가장 엄한 파"(행 26:5)에 속하기로 선택했다. 그는 바리새인이었다. 하지만 모든 바리새인이 다 교회를 박해하지는 않았다. 산헤드린에서 크게 존경받았던 인물이자 예루살렘에서 사울의 교리 스승이었던 바리새인 가말리엘(행 22:3)도 교회를 박해하는 일에 **반대했다**(행 5:33-39). 자, 첫째, 그리스도의 교회를 무너뜨리려는 사울의 욕망에 불이 붙다니, 둘째, 그의 욕망이 무슨 대가를 치르더라도 그리스도를 알고 섬기는 것으로 변화되다니, 대체 무슨 일이 일어난 걸까?

사울의 열심과 변화의 실마리

교리적으로 말하는 것은 불가능할 수 있지만, 몇 가지 실마리가 그의 이야기를 하나로 엮어 준다.

첫 번째 실마리는 갈라디아서 1장에서 발견된다. 회심 전의 바울을 떠올려 보면, 그는 "내가 내 동족 중 여러 연갑자보다 유대교를 지나치게 믿어 내 조상의 전통에 대하여 더욱 열심이 있었으나"(갈 1:14)라고 말한다. 약간 당혹스러운 회상 방법인 것은 틀림없다. "나는 종교적으로 일인자였어. 아무도 나보다 뛰어나지 못했지."

두 번째 실마리는 빌립보서 3장에 있다. 회심 전에 바울은, 적어도 그의 관점에 의하면 "율법의 의로는 흠이 없는 자"였다(빌

3:4-6, 복음서의 부자 청년 관리가 스스로를 딱 이렇게 느꼈던 것 같다[눅 18:18-21]).

세 번째 실마리는 사도행전 6장에 나타난다. 누가는 사도행전 6장 8절에서 예루살렘 교회에 서린 긴박감을 배경으로 어느 청년에게 주목한다. 그(스데반)의 존재가 뒤이어 두 장을 지배한다. 사울의 다른 이름이 '파울루스'(바울)인 것처럼, '스테파노스'(스데반)는 히브리식 이름이 아니다. 아마도 그들은 둘 다 외부인이었을 것이다.

그리스도께서는 스데반에게 놀라운 선물을 주셨다. 그는 충만함을 다섯 겹으로 지니고 있었다. 그는 "**지혜**가 **충만**"했고 "**믿음과 성령**이 **충만**"했다(행 6:3, 5). 게다가 "**은혜와 권능**이 **충만**"했다(행 6:8). 나중에 밝혀지듯이, 그는 히브리 성경의 가르침에 해박했고 그 메시지가 어떻게 구주의 오심을 가리키고 어떻게 구주의 오실 길을 준비하는지를 능숙하게 보여 주었다. 이를 설교한 결과, 스데반은 박해의 대상으로 지목당했다.

바로 여기서 누가는 모든 것을 잠시 늦추는 정보를 내러티브에 끼워 넣는다. 그는 스데반을 반대한 핵심 인물들인 회당의 구성원을 상세히 기록한다. "이른 바 자유민들 즉 구레네인, 알렉산드리아인, 길리기아와 아시아에서 온 사람들의 회당에서 어떤 자들이 일어나 스데반과 더불어 논쟁할새"(행 6:9).

우리는 "스데반이 지혜와 성령으로 말함을 그들이 능히 당하지 못하여"(행 6:10)라는 주요 핵심으로 들어가기 위해 이 구절을 얼버

무리고 넘어가는 경향이 있다. 그런데 왜 이렇게 상세하게 기술했을까? 이 구절은 이야기의 전개에 아무 영향도 안 마치고 앞으로 펼쳐질 드라마의 속도를 늦추기만 하는 듯하다. 누가가 문학적으로 실수한 것일까? 문학평론가는 그렇게 논평할 터이다. 그리고 우리 대부분은 무심히 지나친다.

하지만 거기 있을 필요가 없는 것이 그곳에 있다면, 대개 그럴 만한 이유가 있어서 거기에 있는 것이다! 여기서 누가는 내러티브의 속도를 늦추고 읽는 이가 멈추어 생각해 보게 한다. 우리가 나중에 기억해 내도록 말이다. 누가는 우리에게 앞으로 올 무언가에 대한 열쇠를 주고 있다. 사도행전 9장 11절에서 사울(사도행전 6장까지는 아직 전면에 등장하지 않았다)이 다소 출신이라고 말해 줄 것이기 때문이다.

다소는 길리기아에 있었다. 예루살렘 밖에서 온 유대인들이 이 도시의 유대인 회당에 참여했던 것으로 보이므로, 스데반에 대한 반대를 주도했던 이 회당은 사울이 출석했던 회당임이 거의 틀림없다. 게다가 그 구성원들이 헬레니즘 세계에서 왔으므로, 이 회당은 스데반이 한때 속했던 회당이었을 것이다.

점들을 이어 가다 보면 하나의 그림이 나타나기 시작한다.

다소 사람 사울은, 스데반이 등장해 그의 영적 은사를 공개적으로 강력하게 드러냈을 때 아마도 난생처음으로 자신이 중요시하는 모든 면, 즉 성경 지식, 의, 열심, 은혜와 성령이 충만한 삶에서 자신의 우월함에 필적할 만한 동시대 사람을 만난 경험을 한 듯하다. 만약 그렇다면, 이것이 마지막 실마리를 설명하는 데 도움이 된다.

네 번째 실마리는 로마서 7장에서 발견된다. 바울은 과거를 회상하면서 이렇게 말한다. "전에 율법을 깨닫지 못했을 때에는 내가 살았더니 계명이 이르매 죄는 살아나고 나는 죽었도다"(롬 7:9). 그는 흥미롭게도 여기서 (전체적인) "율법"과 "계명"을 구분한다. 그는 특히 십계명의 열 번째 계명 "탐내지 말라"(롬 7:7)를 염두에 두고 있음을 보여 준다. 그러고는 "죄가 기회를 타서 계명으로 말미암아 내 속에서 온갖 탐심을 이루었나니"(롬 7:8)라고 덧붙인다. 그가 우리에게 "전에 율법을 깨닫지 못했을 때에는 내가 살았더니 계명이 이르매 죄는 살아나고 나는 죽었도다"(롬 7:9)라고 말한 것은 바로 **이런 문맥**에서다.

그는 왜 특별히 그 계명을 지목한 것일까?

한 가지 일반적인 대답은 십계명의 마지막 계명이 내적 동기를 다루기 때문이라는 것이다. 사실이다. 하지만 모든 계명이 내적 동기를 함축한다. 다른 설명이 반드시 필요하다. 마음속 은밀한 탐심을 깨닫게 해 준 사건이 사울의 일생에 일어났던 것이 틀림없다. 전에는 결코 경험해 본 적 없는 깊은 수준의 사건 말이다. 그 결과, 이제 "죄는 살아나고 나는 죽었도다"(롬 7:9).

누가가 (분명히 의도적으로) 스데반을 그리스도와 가장 닮게 묘사한

것은 놀라운 일이 아니다.[2]

다소 사람 사울은 스데반이 돌로 쳐 죽임을 당해도 된다고 승인했다(행 8:1; 7:58 참고). 그때 사울은 자기 안에서 무슨 일이 일어나는지를 분석하고 이해하려는 생각이 전혀 없었다. 하지만 난생처음 그가 평생 얻기 위해 분투해 왔음에도 부족했던 것, 즉 지혜, 성령, 의, 하나님의 진리에 대한 깊은 이해와 그 진리를 설명하고 적용하는 능력, 하나님의 손길이 그의 인생에 함께한다는 명백한 증거, 그리고 매우 귀중한 자질인 은혜를 가진 사람을 만났다는 사실은 매우 명확해 보인다. 그래서 다소 사람 사울은 두 가지 선택지를 앞에 두게 되었다. 첫째는, 사울에게는 없고 스데반에게는 있는 그것을 스데반이 어떻게 획득했는지를 묻는 것이다. 이것은 자신을 낮추고 그리스도를 구하는 것이다. 둘째는, 분노하며 자신에게 탐심을 일으킨 자를 파괴하는 것이다. 사울은 후자를 선택했다. 그리고 그 과정에서 그리스도께 시선을 고정한 한 남자를 보았다.

사울의 마음을 움직인 것은 스데반의 **승리에 찬 죽음**만이 아니었다. 스데반의 **그리스도를 닮은 삶**이었다. 스데반은, 처음은 아니었을지라도 너무나 확실하게 그리스도를 엿보게 해 주었다. 다소 사람 사울은 한 번도 경험해 보지 못한 일이었다.

나는 바울이 나중에 그리스도를 닮음에 관해 생각할 때마다 스데반을 떠올렸을 거라고 생각한다. 스데반을 직접적으로 언급하지 않은 이유는 당신도 이해할 수 있을 것이다. 바울이 그의 순교에 관여했다는 사실은 틀림없이 그가 무덤까지 가져갈 상처였을 것이다. 그래서 그는 그 이야기를 친구 누가에게로 넘겼다. 누가는 스데반의 죽음과 사울의 회심 사이에 뚜렷한 연관성이 있음을 분명히 밝혔다. 스데반은 땅에 떨어져 죽은 밀알 한 알 같았다. 그 결과 "많은 열매를 맺"었다(요 12:24).

스데반이 그리스도의 복음에 합당하게 생활했다는 것을 누구라서 의심하겠는가?

그렇다면 그리스도를 닮음의 중요성이 바울의 가르침에 깊이 흐르고 있다는 사실에 놀라서는 안 된다. 여기서도 우리는 스데반의 흔적을 찾을 수 있다. 실로 바울의 가르침 중 상당 부분은 그리스도에 대한 그의 믿음이 싹트기 시작한 이 요람기로까지 추적해 올라갈 수 있다.

그런데 이것을 전개해 나가기에 앞서, 잠시 이 이야기의 또 다른 면을 살펴보는 것이 좋겠다.

무대 뒤의 겸손한 종

어떤 사람들은 교회에서 남들보다 우위에 있는 역할을 맡은 것처럼 보이지만, 실상은 훨씬 복잡하다. 신약성경은 스데반에게 상대적으로 적은 분량을 할애한다(사도행전이 아니었다면 우리는 그의 존재조

차도 몰랐을 것이다). 하지만 바울에게는 많은 분량을 할애한다. 게다가 사도행전에서 스데반이 차지하는 분량조차 사도행전 7장에서 스데반이 전개하는 성경 신학 강의를 훑어보고 서둘러 사울의 회심으로 달려가려는 독자들에게는 지나치게 많아 보일 수 있다. 하지만 하나님의 경륜으로는 스데반이 사울의 회심에서 필수 요소였다. 그리스도를 닮은 그의 삶은 바울의 가르침을 위한 청사진이다. 상대적으로 무명인, 이야기에서 사라져 버린 저 사람이 정말로 중요하다.

그것이 하나님이 자신의 나라를 세우고 확장하시는 방식의 오랜 원리다. 요점을 파악하려면 다음 문제를 풀어 보라. 다음 일곱 사람은 지난 오백 년 동안 교회에 지대한 영향을 미친 중요 인물이다. 각 인물 옆에 그에게 가장 큰 영적 영향을 미친 사람의 이름을 쓰라.

중요 인물	영향을 준 사람
마르틴 루터	
장 칼뱅	
존 오웬	
조너선 에드워즈	
조지 윗필드	
찰스 스퍼전	
마틴 로이드존스	

저들은 모두 유명한 인물이지만, 우리 대부분은 그 옆을 빈칸으로 남겨 둘 수밖에 없을 것이다. 누가 저들에게 가장 큰 영향을 미쳤는지 우리는 모를 수 있다. 어쩌면 아무도 모를 수 있다.

하지만 인간적으로 보면 알려지지 않은 그 인플루언서들은 하나님의 목적이라는 사슬에 필수적으로 연결되어 있었다. 교회 역사는 소수 거인들의 이야기처럼 보이지만 사실은 그렇지 않다. 교회 역사는 훨씬 깊고 훨씬 복잡하다. 교회 역사는 우리의 명성이 아니라 하나님이 맡기신 때와 장소에서 우리가 신실함을 유지하는 것이 중요함을 가르쳐 준다. 그것은 "내 은사가 남들 눈에 띌까?"가 아니라 "내가 어떻게 남을 섬길 수 있을까?"와 같은 겸손한 섬김의 정신을 요구한다.

어떤 그리스도인은 이 마지막 원리를 더디 이해한다. 그들은 자신을 감추기보다는 은사를 드러내려고 한다. 그들 중에는 교회 등록에 관해 문의하면서 "제가 만약 이 교회에 등록한다면, 가르치는 봉사를 할 수 있을까요?"라며 목사를 난처하게 하는 이들이 있다.

때로 아주 조금만 신중하게 따져 보면 이런 이들의 속마음이 '이 교회가 나를 필요로 하는 곳이나 쓸모 있게 여기는 곳이라면 어디서나 섬기겠어'가 아니라 '이 사람들이 내 은사를 알아채고 내가 그 은사를 발휘할 만한 자리를 만들어 줄까?'라는 사실을 분별하게 될 때도 있다. 아아, 한 사람이 어떤 능력을 지녔든, 그것은 허술하게 위장된 영적 나르시시즘이다. 한자리를 차지하고 가르치며 영향력을 행사하고자 하는 바람은 남을 섬기고자 하는 바람과 다르다.

우리 주님이 성부 하나님과 더불어 성육신에 관해 의논하시면서 "저도 낄게요. 대신 저들이 제가 준 선물을 알아줘야 합니다"라고 말씀하시는 것을 상상할 수 있는가?

정반대로, 예수님은 복음에 '일치된', 즉 "합당한" 삶은 다른 이들 앞에서 무릎을 꿇고 두 손 가득 사랑을 담아 그들의 더러운 발을 씻기는 종의 역할을 기꺼이 받아들이는 삶임을 보여 주신다. 그것은 다른 이들 위에 우뚝 서서 그들이 우리가 누구인지, 우리의 달란트가 무엇인지 알아보게 하려는 바람과 대조된다(요 13:14-15). 그것은 다른 이들 중에서 한자리를 차지하는 것보다 그들에게 우리 자신을 내어 주는 것에 더 관심을 기울인다는 뜻이다. 예수님이 그런 분이었다. 예수님은 섬김을 받기 위해서가 아니라 오히려 다른 이들을 섬기고 자신의 목숨을 다른 이들을 위해 내어 주기 위해 오셨다(마 20:28).

그렇다면 복음에 합당한 삶이란 구주와 다른 이들을 잇는 연결고리가 되는 삶이다. 그리고 그것은, 우리가 이미 살펴보았듯이 겸손, 겸손, 겸손을 의미한다.

죽음으로 말미암은 삶

바울은 스데반과의 만남에서 더 깊은 교훈을 배웠다. 그리스도를 닮음은 제자들 안에서 재현되는 그리스도의 죽음과 부활의 패턴에 의해 만들어진다는 사실을 말이다. 이것이 그리스도인의 삶이 세워지는 평면도이고, 그리스도 안에서 새로운 삶이 형성되는 틀이다. 바울이 스데반에게서 본 바가 고린도 교회에 쓴 편지에 강하게 메아리친다. "우리 살아 있는 자가 항상 예수를 위하여 죽음에 넘겨짐은 예수의 생명이 또한 우리 죽을 육체에 나타나게 하려 함이라 **그런즉 사망은 우리 안에서 역사하고 생명은 너희 안에서 역사하느니라**"(고후 4:11-12).

"사망은 우리 안에서 역사하고 생명은 너희 안에서 역사하느니라"는 스데반의 묘비명으로 제격이었을 것이다. 왜냐하면 다소 사람 사울의 회심과 사도 바울의 사역은 스데반 안에서 역사했던 죽음의 열매이기 때문이다. 그리스도의 죽음과 부활 안에서 이루어지는 그분과의 연합과 교제는 바울이 자신의(그리고 우리의) 그리스도인다운 삶을 보는 렌즈가 되었다. 바울은 그리스도를 닮아 가는 것이 그리스도께서 스데반의 삶에 각인하신 패턴을 크고 작은 방법으로 똑같이 각인하는 것임을 깨달았다. 그리스도를 닮음으로 인도하는 그리스도에 대한 지식의 성장은 이렇듯 그리스도와 같은 방식으로만 이루어지기 때문이다.

빌립보서 3장의 바울의 간증으로 돌아가면 이것의 핵심이 드러난다. 바울의 가장 깊은 열망은 "그리스도와 그 부활의 권능과 그 고난에 참여함을 알고자 하여 그의 죽으심을 본받아 어떻게 해서든지 죽은 자 가운데서 부활에 이르"(빌 3:10-11)는 것이었다.

여기서 다시 우리는 내적이고 외적인 죽음과 삶, 즉 '죄 죽임'과 '은혜 살림'을 만난다. 그리스도인이 되는 것은 그리스도의 고난에 참여하는 것뿐 아니라 그분의 승리에 동참하는 것이기도 하다. 하나님의 아들에게도 이와 같았듯, "그 아들의 형상을 본받"는 자들(롬 8:29)에게도 이와 같다. 그리스도를 반영할 다른 방법은 없다.

성령님은 스데반의 삶에서 이 일을 이루셨다. 바울이 그것을 보았고, 하나님의 은혜로 그에게도 똑같은 변화가 일어나기 시작했다. 바울은 이런 일이 어떻게 일어나는지를 기록했다. 그 기록된 글을 통해 우리는 '살아 계신 말씀'을 보고 알게 된다. 그분 안에서 "주의 영광을 [볼]" 때 우리는 "그와 같은 형상으로 변화하여 영광에서 영광에 이[를]" 것인데 이는 "곧 주의 영으로 말미암음"이다(고후 3:18).

그리스도를 반영하지 않는다면 우리는 결코 그리스도의 복음에 합당할 수 없다.

성경에서 이 청사진을 발견하고 이를 몸소 경험한 그리스도인은, 바울과 더불어 인생의 모든 초점이 "그리스도와 그 부활의 권능과 그 고난에 참여함을 알고자 하여 그의 죽으심을 본받아 어떻게 해서든지 죽은 자 가운데서 부활에 이르려"는 것일 터이다(빌 3:10-11). 그리고 이 같은 열망은 다음의 확신으로 이어진다. "우리의 시민권은 하늘에 있는지라 거기로부터 구원하는 자 곧 주 예수 그리스도를 기다리노니 그는 만물을 자기에게 복종하게 하실 수 있는 자의 역사로 우리의 낮은 몸을 자기 영광의 몸의 형체와 같이 변하게 하시리라"(빌 3:20-21). 지금 그리스도를 닮아 감은 그리스도를 온전히 닮음으로 나아갈 것이다.

그래서 어떻다는 것인가?

바울의 가르침을 곰곰이 묵상하다 보면 이것이 예외적인 이야기라는 느낌이 들면서 여전히 "그래서 어떻다는 거지?"라고 질문하게 된다. 이 모든 것이 그리스도인으로서 나의 삶에 (만약 차이가 있다면) 실제로 어떤 차이를 낳는 거지?

바울 자신에게는 삶의 전 영역에 걸쳐 다면적인 변화가 이루어졌다. 우리도 이와 같을 수 있다.

우선, 복음에 합당한 삶은 '불만족스러운 만족'으로 특징된다. 이제 바울에게는 그리스도를 아는 것보다 더 큰 만족을 가져다주는 것이 없다. 그러나 이제 그는 그리스도를 알게 되어 만족할 수가 없다. 자신이 갈망하는 것을 아직은 다 얻지 못했다. 그리스도를 알지만 더 알기를 원한다(빌 3:12). 바울은 그리스도의 임재와 사랑을 경험했지만, 그 둘을 더 온전히 경험하기까지 만족할 수가 없다.

둘째, 복음에 합당한 삶은 다른 영적 회계 방식으로 운영된다. 바울의 새로운 '손익계산서'는 이전에는 수익으로 잡던 것을 이제는 그리스도를 위해 손실로 잡는다. 이전에 자랑하던 것(자신의 혈통과 행위)을, 이제는 중립적인 가치로 여기는 데서 그치지 않고 '손실'란에다 놓는다. 그렇다. 바울은 자신이 엄청난 특권을 받았지만(롬 3:1-2 참고) 진짜 중요한 점을 놓쳤다는 것을 깨닫는다. 그는 그 모든 것이 어떻게 그리스도를 가리키고 있는지를 보지 못한 채 오히려 그것들을 자신을 가리키는 데, 그리스도가 필요하지 않은 이유를 가리키는 데 이용했다.

하지만 이제 바울은 그 모든 것을 손실로 여긴다.

그는 한 걸음 더 나아간다. 이제는 그리스도를 위해 **"모든 것을 해로"** 여긴다. 바울은 문자 그대로 진심이었을 것이다. 그리스도를 얻은 유대인 신자들은 종종 가족의 유산을 박탈당했고 아무런 가시적 부양 수단 없이 떠나야 했다. 그것이 바로 바울의 경험이었음에도 그는 우리에게 이 손실이 자신에게 유익이 되었다고 말한다. 그는 그 이유를 "내가 그를 위하여 모든 것을 잃어버리고 배설물로 여김은 그리스도를 얻고 그 안에서 발견되려 함"(빌 3:8-9)이라고 말한다.

어느 날, 젊은 신학생이던 나는 헬라어 '스키발라'(*skybala*)의 다양한 의미를 묵상하고 있었다. ESV 성경이 '쓰레기'로 번역한 단어였다. 헬라어 사전에서 첫 부분을 읽으면서 느꼈던 약간의 떨림을 나는 아직도 기억한다. "일반적으로 '똥'으로 번역된다." 바울은 세상을 경멸하는 사람이 아니었다. 그런데도 그리스도 안에서 발견한 부요함과 비교해 볼 때, 구주가 계시지 않은 온 세상은 그에게 배설물보다 나을 것이 없어 보였다. 결국 온 천하를 얻고도 자기 목숨을 잃을 수도 있는 것이었다(마 16:26).

바울이 경험한 세 번째 결과는, 일편단심의 단순함이었다. "오직 한 일(one thing)… 푯대를 향하여 … 달려가노라"(빌 3:13-14).

바울과 디모데는 빌립보서를 시작하는 인사말에서 언급된다(빌 1:1). 디모데가 편지의 대필자가 아니었더라도, 우리는 믿음 안에서 바울의 아들 된 디모데가 적어도 그와 같은 공간에 있었으리라 짐작할 수 있다. 사도 바울이 "한 일"이라고 말할 때 디모데가 자기 목청을 가다듬었을 것 같지 않은가? 나는 젊은 디모데가 조심스럽게 이렇게 말하는 것을 상상해 볼 수 있다. "바울 선생님, 정말 그렇게 말씀하고 싶으세요? 저는 선생님이 **오직 한 일**만 하시는 걸 본 적이 없어요. 늘 열두 가지 일은 하고 계시잖아요!"

바울은 그런 의미가 아니었다. 그는 열두 가지 일을 하고 있지 않았다. 한 가지 일을 열두 가지 방법으로 하고 있었다. 그가 했던 모든 일의 핵심은 주 예수 그리스도를 알고, 믿고, 사랑하고, 섬기는 일에 매진하는 것이었다! 그것은 오직 한 일이었다. 그런데 그것이 모든 일에 영향을 미쳤다.

여기, 근본적으로 다른 삶의 방식이 있다.

예수 그리스도는 우리에게 **새로운 정체성**을 주신다. 우리는 그리스도 안에 있고, 그 결과 우리 삶은 그분의 말씀과 영에 의해 그분의 형상으로 빚어지고 있다. 우리는 그분과 같이 되고 있다. 게다가 예수님은 우리 삶 속에 **새로운 온전함**을 세우신다. 그것은 우리가 하는 모든 일을 조화시키고 우리의 모든 열정이 하나의 위대한 본질(그분과의 연합과 교제)을 향하게 만드는, 하나의 통합 원리다. 그러므로 우리가 무엇을 하든, 명백하게 "영적이든" 전혀 그렇지 않든, 학교에서 공부를 하든 사무실이나 공장이나 병원이나 대학에서 일을 하든, 회사를 경영하든 가정을 돌보든 교회를 목양하든, 우리가 하는 모든 일은 그리스도를 향한 헌신에서 비롯된 것이고 그분의 은혜에 대한 찬사의 표현이다. 삶을 이중으로 바라보는 복시(複視)가 치유되었다. 이제 우리는 상황을 그리스도와 관련지어서 분명하게 본다. 서로 단절된 여러 활동은 더 이상 없고, 다양한 방법으로 추구하는 하나의 위대한 활동만 있다. 바로 그리스도를 알고 닮아 가는 것이다.

이런 식으로 우리 삶은 점점 주 예수님의 삶을 반영하는 거울이 된다. 예수님 안에서는 모든 것이 그분의 갈망, 곧 하늘 아버지를 사랑하고, 모든 일에서 그분을 기쁘게 해 드리고, 그 결과 그분의 영광을 위해 살려는 갈망 안에서 통합된다.

이것이 바로 우리가 "그리스도 안에" 있을 때 일어나는 일이다. 그리스도가 우리에게 너무나 소중하므로 우리는 "모든 것을 해로 여김은 내 주 그리스도 예수를 아는 지식이 가장 고상하기 때문이라"(빌 3:8)고 말할 수 있게 된다.

바울에 의하면, 이것이 곧 성숙한 그리스도인의 사고방식이다(빌 3:15).

그리고 이것이 곧 그리스도의 복음에 합당한 생활양식이다.

주

1. 까맣게 잊힌 권고

1) 엡 4:1; 빌 1:27; 골 1:10; 살전 2:12.
2) Geerhardus Vos, *The Self-Disclosure of Jesus: The Modern Debate about the Messianic Consciousness*, ed. Johannes G. Vos (Nutley, NJ: Presbyterian and Reformed, 1953), 17.
3) 예를 들어, Calvin on 1 Cor. 1:30, in *Calvin's Commentaries*, vol. 20, trans. William Pringle (Grand Rapids, MI: Baker, 1996), 93.
4) Werner Foerster, in Gerhard Kittel, *Theological Dictionary of the New Testament*, trans. and ed. G. W. Bromiley, vol. 1 (Grand Rapids: Eerdmans, 1964), 379.
5) C. S. Lewis, *Mere Christianity* (London: Fontana, 1955), 170-71. (『순전한 기독교』, 홍성사 역간)
6) 제1답.
7) 벤저민 B. 워필드(1851-1921)는 오랫동안 프린스턴 신학교의 조직신학 교수였다. 특히 그는 영국의 군주 에드워드 8세의 퇴위를 불러온 요부 월리스 워필드 심프슨(Wallis Warfield Simpson)의 먼 친척이었다.

8) B. B. Warfield, "Is the Shorter Catechism Worthwhile?," in *Selected Shorter Writings of Benjamin B. Warfield*, ed. John E. Meeter, vol. 1 (Nutley, NJ: Presbyterian and Reformed, 1970), 383-84.

2. 몇 가지 기초 문법
1) 행 26:28에서 아그립바왕에 의해서다.

3. 우리를 변화시키는 하나님의 도구
1) 죄 죽임과 은혜 살림은 내적이기도 하고 외적이기도 하다.
2) *Luther: Lectures on Romans*, trans. and ed. Wilhelm Pauck, Library of Christian Classics (London: SCM, 1961), 3-4. (『루터: 로마서 강의』, 두란노아카데미 역간)
3) C. S. Lewis, *Mere Christianity* (London: Fontana, 1955), 170-71. (『순전한 기독교』)
4) 창 37-50장.
5) 웨스트민스터 소요리문답 제89문과 대요리문답 제155문을 참고하라.
6) John Owen, *The Church and the Bible*, ed. William H. Goold, The Works of John Owen, vol. 16 (1853; repr., London: Banner of Truth, 1968), 76.
7) 히 5:11-14 참고.

4. 복음에 합당한 마음가짐
1) Anna Laetitia Waring, "Father I Know That All My Life" (1850).
2) Augustine, quoted in John Calvin, *Institutes of the Christian Religion*, ed. John T. McNeille, trans. Ford Lewis Battles (Philadelphia; Westminster, 1960), 2.2.11. 여기서 언급된 수사학자는 그리스의 웅변가 데모스테네스다. (『기독교 강요』, 생명의말씀사 역간)
3) 『성공회 기도서』(*The Book of Common Prayer*)에서 빌려온 표현이다.
4) Albert W. T. Orsborn, "Let the Beauty of Jesus Be Seen in Me" (1916).

5. 복음에 합당한 삶

1) 우리 목적에 맞게, 여기서는 거짓 교사 무리가 바울의 사역을 훼방하려는 의도적인 전략을 지닌 유대인들이었는지, 혹은 할례와 다른 모세 율법이 모든 교회에서 반드시 유지되어야 한다고 주장한 유대주의자들이었는지 여부를 결정할 필요는 없다.
2) 누가는 행 6:5a, 8, 10, 15; 7:55-60에서 이 점을 매우 분명하게 밝힌다.

사명선언문

너희가 흠이 없고 순전하여……세상에서 그들 가운데 빛들로
나타내며 생명의 말씀을 밝혀 _ 빌 2:15-16

1. 생명을 담겠습니다
만드는 책에 주님 주신 생명을 담겠습니다.
그 책으로 복음을 선포하겠습니다.

2. 말씀을 밝히겠습니다
생명의 근본은 말씀입니다.
말씀을 밝혀 성도와 교회의 성장을 돕겠습니다.

3. 빛이 되겠습니다
시대와 영혼의 어두움을 밝혀 주님 앞으로 이끄는
빛이 되는 책을 만들겠습니다.

4. 순전히 행하겠습니다
책을 만들고 전하는 일과 경영하는 일에 부끄러움이 없는
정직함으로 행하겠습니다.

5. 끝까지 전파하겠습니다
모든 사람에게, 땅 끝까지, 주님 오시는 그날까지
복음을 전하는 사명을 다하겠습니다.

서점 안내

광화문점 서울시 종로구 새문안로 69 구세군회관 1층
02)737-2288 / 02)737-4623(F)

강남점 서울시 서초구 신반포로 177 반포쇼핑타운 3동 2층
02)595-1211 / 02)595-3549(F)

구로점 서울시 동작구 시흥대로 602, 3층 302호
02)858-8744 / 02)838-0653(F)

노원점 서울시 노원구 동일로 1366 삼봉빌딩 지하 1층
02)938-7979 / 02)3391-6169(F)

일산점 경기도 고양시 일산서구 중앙로 1391 레이크타운 지하 1층
031)916-8787 / 031)916-8788(F)

의정부점 경기도 의정부시 청사로47번길 12 성산타워 3층
031)845-0600 / 031)852-6930(F)

인터넷서점 www.lifebook.co.kr